www.tredition.de

www.tredition.de

© 2020 Ruth Claire Happe

Verlag und Druck: tredition GmbH, Halenreie 40-44, 22359 Hamburg

ISBN
Paperback: 978-3-347-03299-6
Hardcover: 978-3-347-03300-9
e-Book: 978-3-347-03301-6

Das Werk, einschließlich seiner Teile, ist urheberrechtlich geschützt. Jede Verwertung ist ohne Zustimmung des Verlages und des Autors unzulässig. Dies gilt insbesondere für die elektronische oder sonstige Vervielfältigung, Übersetzung, Verbreitung und öffentliche Zugänglichmachung.

Ruth Claire Happe

It´s Yoga, Baby!

Gelassener durch die Schwangerschaft und das erste Lebensjahr

Die in „It´s Yoga, Baby!" beschriebenen Übungen sind für alle Menschen geeignet, die sich in ihrem neuen Leben mit Kindern wohltuende Momente nehmen, sich stärken und entwickeln wollen. Für Schäden jeglicher Art, die direkt oder indirekt aus der Durchführung der im Buch beschriebenen Übungen resultieren könnten übernimmt die Autorin keine Haftung. Die Leserinnen und Leser sollen im buddhistischen Freiheits- und Selbstverantwortungsgedanken für sich selbst ihre Möglichkeiten und Grenzen erspüren.

Für die im Anhang aufgeführten Internetseiten wird die Haftung durch die Autorin dieses Buches ebenfalls ausgeschlossen.

1. Auflage 2020
© Ruth Claire Happe
Alle Rechte vorbehalten.
Covergestaltung: Ruth Claire Happe

Für Ingrid
durch die ich sanfter und stärker geworden bin

Inhalt

1. Einleitung 9

2. Magic in Progress 13
2.1 Das ist mal so was von positiv 24
2.2 Jetzt wird's rund 35
2.3 Nestbau für das Küken 52
2.4 (Über-)Lebensmittel für Mama und Papa 65
2.5 Dein Weg in die Welt 70

3. Born this Way 91
3.1 Welcome to this World 93
3.2 Rest for the Best 115
3.3 Ich bin gekommen, um zu bleiben 135

4. We are Family 147
4.1 Ein Weg entsteht, indem man ihn geht 149
4.2 Familienleben in all seinen Facetten 161
4.3 Partnerschaft 2.0 173

5. Bodylicious   185

5.1 Mama ist wunderschön   187
5.2 Mutter werden, Mutter sein   199
5.3 Von MütterMythen und SocialMediaMist 218
5.4 Mama +what?   229

6. Nachwort   243
7. Danksagung   246

Anhang   248

1. Einleitung

„Zwei Dinge sollen Kinder von ihren Eltern bekommen:
Wurzeln und Flügel."
(Johann Wolfgang von Goethe)

Was für ein Wunder du bist, was für ein einzigartiges, zauberhaftes Wunder. So oder so ähnlich fühlt sich das erste Ultraschallbild eures Babys an. Staunen, hoffen, überwältigt sein, zweifeln, staunen. Der erste Sichtkontakt mit diesem winzigen Menschlein, das nun all euren Schutz und eure Liebe braucht, löst eine Flut von unterschiedlichen Gefühlen aus und lässt euch fasziniert zurück. Am liebsten möchte man sich ein eigenes Ultraschallgerät zulegen, um dieses zarte Wesen die ganze Zeit anzuschauen, ob es ihm denn auch gut geht, sein Herz schlägt und es wächst.

In diesem Buch möchte ich euch ein Stück auf dieser unglaublich berührenden und intensiven Lebensreise begleiten. Einige der tausend Fragen im Kopf werden dabei bestimmt beantwortet und für die übrigen werdet ihr eure eigenen Herzensantworten finden. Jedes Kapitel beschreibt einen neuen Abschnitt im Prozess des Elternwerdens. Von der Schwangerschaft und den Vorbereitungen auf die Geburt („Magic in Progress"), über die

Geburt selbst und das Kennenlernen eures neuen Mitbewohners („Born this Way"), die Gestaltung eures Familienlebens zu zweit plus B(aby) („We are Family") bis zum Zurückfinden in den eigenen Körper und die großartige Chance auf eine Neuausrichtung eures Lebens („Bodylicious").

In manchen Kapiteln verwende ich das „du" als Ansprache, weil es Abschnitte gibt, die sich besonders an die neugeborenen Mamas wenden. Zum Beispiel dreht sich im Kapitel „Rest for the Best" alles um die Zeit nach der Geburt, also das Wochenbett, in dem Mutter und Kind sich von den Anstrengungen der Entbindung erholen. Das betrifft und beschäftigt nun mal in erster Linie die Frauen. An anderer Stelle spreche ich beide Elternteile an, wenn es wie im Kapitel „Partnerschaft 2.0" um die Neuentdeckung und -gestaltung eures gemeinsamen Weges als Paar geht. Eingeladen zum Lesen aller Kapitel sind jedoch immer auch die NeuPapas. Zu wissen, was deine Partnerin gerade beschäftigt, wie es in ihr aussehen könnte, auch wenn nach außen hin alles recht gelassen wirkt, kann dir helfen auch in für dich bislang unbekannten Situationen sicher an ihrer Seite zu sein.

Nutzt das Buch wie ihr es gerade braucht. Ihr könnt es von vorne bis hinten durchlesen, auch mehrmals, oder ihr fangt einfach bei dem Kapitel an, das euch gerade am meisten beschäftigt und anspricht. Es soll euch in dieser besonderen Situation von Elternwerden und Elternsein liebevoll begleiten, Kraft geben, wenn ihr an euch oder sogar an eurem Kind zweifelt und immer, immer wieder darin bestärken, dass es keinen richtigeren Weg gibt als euren ganz eigenen.

Inspiriert wurde ich zu diesem Buch durch meine Tochter auf die mein Mann und ich uns unglaublich gefreut haben und deren Geburt einfach alles verändert hat: zum soooo Guten. Es war und ist wahnsinnig bunt, wild, lustig, anstrengend, eine ganze Menge Arbeit, Sorge, Zweifel, unfassbares Glück, Heiterkeit und Irrsinn, den wir seit dem positiven Schwangerschaftstest durchlebt haben. Von alldem handelt dieses Buch und von den Ideen mit denen gerade die herausfordernden Momente und Situationen leichter gelingen können. In jedem Abschnitt findet ihr Eindrücke aus der jeweiligen Phase, die euch eine erste Idee von dem geben, was emotional und organisatorisch auf euch zukommen kann.

Entwickelt habe ich dieses Buch aus meinen eigenen Erlebnissen, durch den Austausch von Erfahrungen mit anderen Eltern und der tiefen Sehnsucht meinen ganz persönlichen Beziehungsweg mit meinem Kind zu entwickeln. Immer begleitet von einem liebevollen, sanften Blick auf das Hier und Jetzt in dieser völlig neuen Situation.

Da wir alle verschieden sind, werdet ihr eure eigenen Erfahrungen machen und Ideen entwickeln. Das ist nicht nur richtig und wichtig, sondern sogar essenziell für ein zufriedenes (Familien-)Leben. Zur Unterstützung findet ihr dazu in jedem Kapitel entspannende oder stärkende Körper- und Geistesübungen, die aus dem Yoga, dem Buddhismus und nicht zuletzt aus dem Leben inspiriert wurden. Sie sollen euch in diesem besonderen Lebensabschnitt der Veränderung und Neuordnung ruhige Momente der Orientierung schaffen und Halt geben, um immer wieder zu eurem Gefühl und persönlichen Weg zu finden.

Ich wünsche euch eine wunderbare Zeit der Vorfreude, des Kennenlernens und Zusammenlebens mit eurem Schatzkind.

Von Herzen,

Ruth

2. Magic in Progress

„Wohin du auch gehst,
geh mit deinem ganzen Herzen."
(Konfuzius)

Ein zaghaftes Flüstern deiner Seele, eine lauter werdende Stimme tief in dir oder ein mittlerweile unüberhörbarer Ruf deines Herzens bringen deinen sehnlichen Wunsch nach einem eigenen Kind zum Vorschein. Überall siehst du werdende Mamas mit Kugelbäuchen, Papas mit Babywagen oder spielende Kinder. Trotz allem Sehnen gibt es da vielleicht auch noch eine andere Stimme in deinem Kopf, die dir immer wieder Bedenken einflüstert. Kopf und Herz ringen miteinander und quälen dich mit bohrenden Fragen. Will ich wirklich dermaßen gebunden sein und fremdbestimmt leben? Passt es gerade in meine berufliche Entwicklung? Wie wird sich unsere Partnerschaft dadurch verändern? Die zentrale Frage hinter aller Ungewissheit lautet: Kann ich überhaupt eine gute Mutter sein? Die Antwort darauf kann ich dir mit absoluter Zuversicht geben: Ja. Eindeutig, ja, ja und ja. Du hast alles in dir was du dazu brauchst und wirst im Laufe deines weiteren Lebens als Mutter noch viel mehr entdecken, als du bislang an Fähigkeiten in dir angenommen hast. Alles was du dazu benötigst ist, deiner inneren Stimme zu folgen, die dich sicher durch alle Lebensereignisse leiten wird. Wenn du mit deinem tiefsten Wissen verbunden bist und das Durcheinander von eigenen oder fremden Ansprüchen, gesellschaftlichen Erwartungen und dem unerbittlichen Funktionszwang der modernen Leistungsgesellschaft zumindest für Momente ausblendest, wirst du eine innige Beziehung mit deinem Kind gestalten.

Viel bedeutender ist jedoch, dass du dir diese Antwort gibt's und zwar immer und immer und immer wieder. Es werden Momente kommen, die dich an deiner Entscheidung für ein Kind zweifeln lassen, ganze Phasen in denen du dir dein altes Leben zurückwünschst und Situationen die dich nicht nur an den äußersten Rand deiner emotionalen und körperlichen Belastbarkeit bringen, sondern so weit darüber hinaus, dass du von dort aus den ursprünglichen Rand überhaupt nicht mehr erkennen kannst. In den kommenden Wochen und Monaten deiner Schwangerschaft wird sich nicht nur dein Körper deutlich verändern. Auch dein Erleben und die damit verbundenen Gefühle werden ganz andere sein, als jemals zuvor. Deshalb ist es phantastisch, wenn du dich jetzt schon damit beschäftigst und vielleicht zum ersten Mal seit langer Zeit in dich hineinspürst. Deine innere Welt zu kennen ist ein großes Geschenk, das du dir selbst machen kannst. Kein anderer Mensch kann dir die Antworten geben, die du brauchst, die für dich und dein Kind richtig sind. Wenn du zu Beginn deiner Schwangerschaft bereits ein Gefühl dafür entwickelst was zu dir gehört und was nicht, wird es dir nach der Geburt viel leichter fallen nach deiner Seelenweisheit zu handeln und dadurch eine gute Mutter für dein Kind zu sein. Lass dir Zeit und wiederhole die Übungen jeden Tag. Du wirst einen erstaunlichen Unterschied erleben, wenn du regelmäßig zu dir kommst.

Bevor du dich nun auf den Weg machst und dich weiter in die Texte und Übungen vertiefst, erzähle ich dir noch etwas über die Ursprünge des Yoga, sein heutiges Verständnis in der westlichen Welt und die Einbindung in dieses Buch. Im 2. Jahrhundert nach Christus schrieb Patanjali eines der bis heute bedeutendsten Werke des Yoga, das YogaSutra. Darin beschreibt in acht Stufen einen ganzheitlichen Ansatz, der zum Yoga, also zur Einheit von Körper, Geist und Seele, führen soll. Dieser achtgliedrige Pfad besteht aus den Verhaltensweisen uns selbst und der Umwelt gegenüber, körperlichen Übungen, Atemtechniken, mentalem Training und schließlich der inneren Freiheit. Dabei sind alle Stufen gleichwertig und sollen nach und nach in das eigene Leben integriert werden, um in das individuelle Gleichgewicht zu führen.

Hier sind die acht Stufen im Überblick:

1. Yamas = der Umgang mit der Umwelt
2. Niyamas = der Umgang mit sich selbst
3. Asanas = die Körperhaltungen
4. Pranayama = die Beruhigung des Atems
5. Pratyahara = das Zurückziehen der Sinne
6. Dharana = Konzentration oder die Beruhigung der geistigen Bewegungen
7. Dhyana = Meditation
8. Samadhi = die innere Freiheit und Stille

Im westlichen Verständnis von Yoga liegt der Schwerpunkt auf dem körperlichen Aspekt, den Asanas, die meist in einem YangStil, also kraftvoll, unterrichtet werden. Der YinAspekt, also länger gehaltene Übungen in denen die Muskeln sich entspannen und energetische Blockaden sich lösen können, wird dabei oft vernachlässigt. In der Schwangerschaft mit einem körperbetonten Yogastil zu beginnen ist nicht ratsam. Viele Bereiche deines Körpers, wie Bänder und Muskelgruppen, werden weich und dehnen sich aus, so zum Beispiel die langen Bauchmuskeln, die nun Platz für dein Baby entstehen lassen. Manche Übungen kräftigen diese Bereiche und würden eine Verkürzung der Muskulatur verursachen. Manche Körperübungen (= Asanas) sind demnach während der Schwangerschaft tabu, da sie gegen die natürliche Entwicklung des Körpergewebes arbeiten. Es wäre das Gegenkonstrukt von Yoga, der verbinden will was zusammengehört und den Körper in seinem jeweiligen Bedürfnissen unterstützen statt zusätzlich falsch belasten will. Um es mit den Worten des bekannten Yogalehrers T. K. V. Desikachar auszudrücken, wohin die Praxis des Yoga führen kann: „Man hat sich von sich selbst entfernt und Yoga bringt einen zu sich selbst zurück. Das ist alles."

Im Westen wird Yoga von vielen Menschen als Fitnesstraining verstanden, das zur körperlichen Selbstoptimierung genutzt wird. Dabei werden die Möglichkeiten von Yoga, als einem ganz wunderbaren und allumfassenden Weg zu innerer Harmonie verkannt. Ausgeglichenheit und ganzheitliches Wohlbefinden brauchen eine Balance aus Anspannung und Entspannung, aus Aktivität und Ruhe. Nach einem ausgiebigen Spaziergang beispielsweise, braucht der Körper eine Pause und signalisiert das durch eine angenehme Müdigkeit. Die Muskeln müssen sich von ihrer Aktivität ausruhen und regenerieren. Genauso verhält es sich mit dem menschlichen Geist, der großartige kreative, philosophische oder naturwissenschaftliche Schöpfungen hervorbringen kann. Nach solchen Phasen der Anstrengung, und seien sie noch so erfüllend für den Menschen, der sie vollbringt, braucht es eine Zeit der Erholung.

Jeder von uns kennt das Gefühl von überlasteten Muskeln, das einige Stunden nach einem ungewohnten Training auftritt. Muskelkater entsteht durch kleine Faserrisse in der Muskulatur und wird heute leider immer noch von vielen Menschen mit einem Trainingserfolg verbunden. Natürlich bauen sich Muskeln, die eine Weile nur wenig genutzt wurden, erst mit der Zeit auf und es kann gerade zu Beginn eines Trainings zu leichten Spannungsgefühlen kommen. Jedoch sollte Schmerz in jeglicher Form niemals das Ziel einer gesundheitsfördernden Betätigung sein. Schmerz ist immer ein Warnsignal unseres Körpers mit dem er sich Aufmerksamkeit verschafft. Im Fall von Muskelkater sind es feinste Verletzungen der Muskulatur, die als Mikrotraumata bezeichnet werden und ausheilen müssen. Aus diesem relativ ungefährlichen Schmerz des Körpers können wir lernen, die Intensität oder Häufigkeit der Übung, die den Muskelkater verursacht hat, an unsere momentanen physischen Möglichkeiten anzupassen. Tun wir dies nicht, wird der Körper weiterhin Warnsignale in Form von schmerzender Muskulatur senden, die bei fortlaufender Nichtbeachtung zu weitreichenderen körperlichen Konsequenzen, wie Verspannung und Versteifung ganzer Körperregionen, führen kann.

Auch unser Geist signalisiert uns deutlich, wenn es Zeit für Erholung ist. Zunächst zeigt sich eine natürliche Ermüdung im Tagesverlauf ganz fein und es reichen kleine Pausen über den Tag verteilt. Oft ist es aus beruflichen oder familiären Gründen nicht möglich genau dann innezuhalten, wenn der Geist es erfordert. Es ist zunächst einmal nicht schlimm, wenn wir unsere benötigte Ruhephase verschieben, so lange sie nicht ganz ausfällt. Erst wenn die Beanspruchung zu groß wird, werden die Signale des Körpers deutlicher. Dann entsteht ein Muskelkater des Geistes. Die Überlastung der mentalen Kapazitäten drückt sich über das vegetative Nervensystem aus und kann in Form von Gereiztheit,

Schlafstörungen, Appetitverlust beziehungsweise Heißhungerattacken oder auch Rückenschmerzen auftreten. Werden die Bedürfnisse des Körpers nach Ruhe und Erholung weiterhin ignoriert, schaltet unser kluges System irgendwann in den seelischen Notfallmodus. Bei einem Burnout empfindet der betroffene Mensch jeden Lichtstrahl, jedes Geräusch und jede Anforderung als massiven, teils unerträglichen Eindruck. Geist und Seele sind völlig erschöpft und brauchen Zeit zur Heilung.

Besonders in einer Phase der Veränderung, die viel Unsicherheit und dadurch auch ein gewisses Maß an Anspannung mit sich bringt, brauchen Körper, Geist und Seele besondere Ruhephasen. Kein anderes Ereignis ist dermaßen lebensverändernd wie die Geburt eines Kindes. Der damit verbundene Prozess des Elternwerdens birgt eine unglaubliche Chance zu persönlichem Wachstum und fordert gleichzeitig alle verfügbaren mentalen Kapazitäten. Diese Entwicklung findet allerdings unter ganz besonderen Umständen statt. Nach den körperlichen Anstrengungen von Schwangerschaft und Geburt folgt die Entdeckung und Entfaltung einer bis dahin ungekannten emotionalen Fülle aus einem tiefen Berührtsein, Abgespanntheit, Freude, Unsicherheit, endloser Liebe und fürchterlicher Angst. Im ganzheitlichen Weg des Yoga kannst du einen Ausgleich zu den mentalen und physischen Anstrengungen des Elternseins finden, damit der Muskelkater nicht zu groß wird. Lassen wir uns also auf Yoga in all seinen Facetten ein, können Wohlergehen und innerer Friede zu uns kommen und sich dauerhaft bei uns einrichten. Um in diese ganzheitliche Lebensweise zu finden, werdet ihr im Verlauf des Buches in Texten und Übungen jeder Stufe des achtgliedrigen Pfades begegnen.

Nun wünsche ich euch Offenheit und Neugier auf eurem ganz persönlichen Weg zur inneren Freiheit.

Übung: „Atemkontakt"

Zeit: ca. 7 Minuten

Das brauchst du: einen ruhigen Ort

Dein Atem kommt und geht. Dafür musst du nicht ständig an ihn denken. Er ist immer da und dadurch ein geeigneter Ankerpunkt zur ersten Wiederverbindung mit deiner inneren Welt.

Nimm auf einem Stuhl Platz. Deine Knie bilden einen 90 Grad-Winkel und du sitzt etwa eine Handbreit von der Lehne entfernt, damit du dich nicht anlehnen kannst. Schließe nun deine Augen und lege deine Handflächen auf die Brust, so dass die Fingerspitzen deine Schlüsselbeine berühren. Nimm wahr wie sich dein Brustbereich mit jeder Einatmung gegen die Handflächen drückt und mit der Ausatmung wieder davon entfernt. Bleib für einige Atemzüge mit deiner vollen Aufmerksamkeit bei dir und der Bewegung deines Atems.

Leg deine Handflächen anschließend um die Rippenbögen, so dass vier Finger nach vorne zeigen und der Daumen nach hinten zeigt. Spüre in deine Handflächen, wie sich deine Rippen bei jeder Einatmung voneinander entfernen und mit der Ausatmung wieder aufeinander zu bewegen. Bleib für einige Atemzüge hier.

Nun leg deine Handflächen auf den Unterbauch. Deine Zeigefinger- und Daumenspitzen berühren sich und formen um deinen Nabel herum eine Raute. Nimm wahr, wie sich die Bauchdecke mit jeder Einatmung nach außen in deine Hände wölbt und bei jeder Ausatmung sanft zurückfedert.

Leg die Handflächen auf deine Oberschenkel und spüre der Übung nach. Wie fühlst du dich im Augenblick?

Dann komm langsam zurück von deiner inneren Reise und öffne sanft deine Augen.

2.1 Das ist mal so was von positiv

„Begegne dem was auf dich zukommt
nicht mit Angst, sondern mit Hoffnung."
(Franz von Sales)

Einen positiven Schwangerschaftstest in den Händen zu halten symbolisiert die wahr gewordene Hoffnung auf Familie. Aus der Liebe und Verbundenheit zwischen zwei Menschen entsteht ein neues Leben. Dieser besondere Moment, wenn nach Minuten des Wartens, unruhigen Herumlaufens und dem unwiderstehlichen Blick auf die Uhr plötzlich ein Symbol auf dem Teststreifen erscheint, das dir sagt „du bist schwanger". Es ist unbegreiflich und faszinierend: In dir wächst ein kleiner Mensch heran auf den du dich unglaublich freust, obwohl du ihn noch gar nicht kennst. Du weißt nicht, wie er aussieht, wie sich seine Stimme anhört, welche Eigenschaften und Schrullen er mitbringen wird. Trotzdem weißt du ganz sicher, dass du ihn über alles lieben wirst. Er wird dir so kostbar sein wie nichts zuvor. Du wirst dieses Baby umsorgen, verwöhnen, von ihm genervt sein, vielleicht sogar manchmal vor seinem Geschrei und den maßlosen Forderungen, die es an dich stellt, weglaufen wollen. Dennoch wird es dein kostbarster Herzensmensch werden. Für immer.

Auf dieser einzigartigen Reise in ein neues Leben wirst du unglaublich viel über dich lernen, völlig neue Eigenschaften an dir entdecken, Fähigkeiten entwickeln von denen du bisher nicht wusstest, dass sie in dir stecken und an deine Grenzen gebracht, um sie zu überwinden und daran zu wachsen. Es wird eine wunderbare, kräftezehrende, erfüllende und verwirrende Zeit in deinem Leben. Lass dich auf jeden Moment ein, egal wie müde oder unsicher du dich in der Situation fühlst. Es wartet eine lebendige Fülle auf dich in der du dich selbst wiederfinden oder neu entdecken kannst.

Übung: „Glück spüren"

Zeit: ca. 10 Minuten

Das brauchst du: einen ruhigen Ort

Setze dich in einen gemütlichen Sessel oder auf einen bequemen Stuhl. Rücke so weit nach vorne, dass du dich nicht mehr anlehnen kannst und sich deine Beine in einem 90 Grad Winkel befinden. Richte nun deine Wirbelsäule auf, lass die Schultern dabei ganz entspannt. Lege deine Hände mit den Handflächen nach unten auf die Oberschenkel und setze deine Füße hüftbreit geöffnet auf dem Boden auf.

Schließe die Augen, atme mehrere Male tief und ruhig ein und aus. Konzentriere dich dabei völlig auf deinen Atem. Nun spüre das Glücksgefühl beim Anblick des positiven Schwangerschaftstests. Wie fühlt es sich an? Du brauchst es nicht mit deinem Verstand zu benennen, sondern nimm es mit deinem Herzen wahr. Lass dich ganz auf dein Glücksgefühl ein. Gibt es einen Ort in deinem Körper an dem du dieses Gefühl besonders deutlich spürst? Bleib einige Atemzüge in diesem wunderbaren Gefühl völlig, verbunden mit deinem Körper.

Dann komm langsam zurück von deiner inneren Reise und öffne sanft deine Augen.

Freude und Leid liegen während einer Schwangerschaft oft ganz nah beieinander. Bevor wir unser erstes Mädchen erwarteten gab es schon einmal einen kleinen Menschen in meinem Bauch, der es leider nicht in diese Welt geschafft hat. Damals kam ich mir unglaublich alleine mit dem Verlust und einem unerklärlichen Gefühl des Scheiterns vor. Als ich nach der ersten Phase der Traurigkeit und Leere begann im Freundes- und Bekanntenkreis über meine Erfahrung zu sprechen, gab es unfassbar viele Menschen, die dieses Schicksal entweder persönlich mit mir teilten oder mindestens einen anderen Menschen kannten, der ebenfalls ein Sternenkind hat. Nach Schätzungen des Berufsverbandes der Frauenärzte enden etwa 30 % aller Schwangerschaften vor der 12. Schwangerschaftswoche. Viele davon jedoch unbemerkt, noch bevor die befruchtete Eizelle sich einnisten konnte. Durch moderne Schwangerschaftstest bekommen Frauen heute schon sehr früh mit, dass sie in freudiger Erwartung sind. Noch die Generation unserer Mütter und Großmütter hatte erst relativ spät die Gewissheit guter Hoffnung zu sein. Fehlgeburten in der Frühschwangerschaft wurden dadurch häufig nicht erkannt, weil sich dann einfach die Regel um einige Tage verspätete. Zu erfahren, dass eine Fehlgeburt recht häufig vorkommt und nicht so ungewöhnlich ist wie man vermutet, ist erschütternd und tröstlich zugleich. Man ist nicht alleine. Es gibt Menschen, denen Ähnliches widerfahren ist, nur spricht kaum jemand darüber. Manchmal aus Angst vor Unverständnis, weil man so einem kleinen „Ding" doch nicht lange hinterhertrauern darf, aus Scham, dass frau es nicht geschafft hat ein Kind auszutragen oder auch, um den verborgenen Schmerz nicht wieder heraufzubeschwören. Natürlich möchte man sein Kind von Anfang an schützen und es sicher aufgehoben wissen. Im deinem Bauch bekommt es alles was es braucht und es liegt in den seltensten Fällen an deinem Verhalten, wenn du eine Fehlgeburt erleidest. Im frühen Stadium der Schwangerschaft, also bis zur 12. Woche, prüft die Natur eben ganz intensiv, welcher Embryo sich zu einem gesunden Kind entwickeln kann und selektiert diejenigen, bei denen genetische Fehler vorliegen. Gibt es bei einem Fötus genetische Erkrankungen, beendet dieses ursprüngliche System in deinem Körper die Schwangerschaft, indem es zu Blutungen und dem Abgang des Embryos kommt oder der kleine Mensch sich nicht weiterentwickelt. Denk daran: Du bist nicht allein, wir sind viele. Es ist nicht deine Schuld, wenn dieser kleine Mensch es nicht in euer Leben schafft. Es ist ein natürlicher Entscheidungsprozess deines Körpers, der für dich und das ungeborene Leben in dir das Beste will.

Etwa 80 % aller Fehlgeburten ereignen sich vor der 12. Schwangerschaftswoche, danach sinkt das Risiko deutlich. Viele Paare erzählen ihrem Umfeld deshalb erst später von der freudigen Neuigkeit. Dabei ist es wichtig auch im Fall einer Fehlgeburt Menschen um sich zu haben, die sich mit euch auf euer Kind gefreut haben und mit denen ihr jetzt um euren Verlust trauern könnt. Überlegt also gemeinsam, mit welchen Menschen in eurem Umfeld ihr Freude und Leid gleichermaßen teilen könnt. Erzählt es den Personen, die euch in jeder Situation gut tun, mit denen ihr lachen, weinen und auch einmal schweigen könnt.

Vielleicht stellt ihr euch jetzt die Frage, ab wann ihr euch denn eigentlich freuen dürft, wenn die ersten Wochen doch so unsicher erscheinen. Während meiner zweiten und dritten Schwangerschaft war genau das ein großes Thema für mich. Nach den positiven Schwangerschaftstests habe ich mich unglaublich gefreut, kurze Zeit später setzte die Sorge ein. Werde ich dieses Kind kennenlernen dürfen? Ich wollte jedoch nicht zehn Monate lang grübelnd herumlaufen und mich innerlich auf einen Verlust vorbereiten, den es im besten Fall nicht geben würde. Deshalb habe ich mich entschieden, mich ab sofort zu freuen völlig egal wie es weitergehen wird. In einer ständigen Angst vor dem was passieren könnte zu leben macht dich unruhig und bringt Anspannung, die du besonders während einer Schwangerschaft überhaupt nicht gebrauchen kannst. Lass deine Freude in aller Intensität zu und auch die Sorgen da sein, sie sollten nur nicht Überhand gewinnen. Sprich mit dir vertrauten Menschen darüber, um aufkommende Ängste nicht alleine durchstehen zu müssen. Versuche dann die heftigsten Spitzen dieser Sorgen immer wieder loszulassen, wenn sie dich überwältigen wollen. Du darfst deine Schwangerschaft genießen und dich auf dein Kind freuen. Ungewissheit macht immer unsicher, das ist sehr natürlich und vollkommen in Ordnung. Als Mama wirst du dir einfach immer über irgendetwas Sorgen machen, das gehört dazu. Aber wenn du in ständiger Angst lebst, nimmt es dir die Freude am Leben, lähmt dich in deiner Energie, die du für dich und dein Kind brauchst.

Vielleicht habt ihr auf eurem bisherigen Weg zum Elternwerden auch einen Verlust erlitten, habt lange auf euer ersehntes Wunschkind gewartet oder ihr seid direkt beim ersten Versuch schwanger geworden. Egal welchen Weg ihr hinter euch habt, er gehört zu eurer Geschichte, die nun weitergeschrieben wird und ein ganz neues Kapitel aufschlägt.

Damit du in deine Freude findest, folgt nun eine Übung für Mut und Zuversicht.

Übung: „Mut und Zuversicht"

Zeit: ca. 10 Minuten

Das brauchst du: einen ruhigen Ort

Setz dich gemütliche in einen Sessel und schließ deine Augen. Nimm wahr, wie dein Körper von den Polstern sicher gehalten wird und du dich fallen lassen kannst. Richte deine ganze Aufmerksamkeit auf deinen Atem, der ganz von alleine kommt und geht. Wenn dich Gedanken oder Geräusche ablenken, nimm sie kurz wahr und kehre dann mit deinem ganzen Bewusstsein zurück zu deiner Atmung. Bleib noch einige Atemzüge konzentriert auf den Fluss dieses Energiestroms.

Dann stell dir vor, wie du in einigen Monaten in diesem Sessel sitzen und dein Kind in den Armen halten wirst. Du betrachtest dieses faszinierende Wesen mit deiner ganzen Liebe und voller Dankbarkeit, dass es gut auf der Welt angekommen ist. Nun liegt dieser unermessliche Schatz in deinen Armen, du fühlst dich ruhig und bist voller Vertrauen. Nimm wahr, wie Ruhe und Vertrauen dich durchfluten, dein Herz leicht werden lassen.

Genieße die tiefe Verbundenheit mit deinem Kind, eure besondere Nähe, diesen Moment, den du bald wirklich erleben wirst.

Bleib noch einige Atemzüge in diesem wunderbaren Gefühl, völlig verbunden mit deinem Körper.

Dann komm langsam zurück von deiner inneren Reise und öffne sanft deine Augen.

Noch bevor du einen positiven Schwangerschaftstest in den Händen hältst, ist in deinem Körper einiges passiert. Besonders die hormonellen Veränderungen können zu allerlei neuen körperlichen und mentalen Besonderheiten führen. Du stellst deinen Körper für die Entstehung von neuem Leben zur Verfügung und übernimmst damit bereits ganz früh die Verantwortung für das Wohlergehen deines Kindes. Vielleicht fühlst du dich besonders zu Beginn dieser besonderen Zeit ganz fremd in deinem Körper. Alles verändert sich und du kannst die neuen Eindrücke kaum benennen, weil sie manchmal ganz fein daherkommen. Es ist vollkommen in Ordnung sich erst einmal entdecken zu müssen in diesem einzigartigen Zustand, die Neuartigkeit der Gefühle und Wahrnehmungen zuzulassen, sich auf den natürlichen Prozess einzulassen, dass neues Leben in dir entsteht. Wenn dir gerade die Worte für das was in dir vorgeht fehlen, weil du die unbekannte Sprache deines schwangeren Körpers noch nicht verstehst, lass es zu und bleib sanft mit dir. Du darfst dich unsicher, fremd, neu, freudig, oder besonders fühlen. Du darfst dich ausruhen, pflegen, genießen und verwöhnen lassen. Es ist eine Zeit in ihrem eigenen Rhythmus, die sich von der Hektik der Außenwelt nicht beirren lässt. Entwicklung braucht Zeit, Ruhe und Kraft. Besonders die ständige Müdigkeit ist eine häufige Begleiterscheinung der Frühschwangerschaft. Dein Körper lässt gerade einen komplett neuen Menschen entstehen, dazu braucht er eine Menge Energie. Schlaf so viel du kannst und dir gut tut. Je größer das Baby in deinem Bauch wird, umso unruhiger können die Nächte werden. Deine Blase hat dann weniger Platz und du musst nachts öfter auf die Toilette. Mit wachsendem Bauchvolumen wird es zudem schwieriger, eine bequeme Schlafposition zu finden. Ein weiterer Grund für unruhige Nächte können die dann sehr kräftigen Bewegungen deines Kindes in seinem beengten Wohnraum sein. Genieße jetzt noch jeden Augenblick der Ruhe in diesem frühen Stadium der Schwangerschaft und lass überfordernde Ansprüche an dich selbst los.

Genauso wie ein Grashalm nicht schneller wächst, wenn man an ihm zieht ändert es nichts dich zu hinterfragen, ob es gerade angebracht ist müde zu sein oder nicht. Im Gegenteil erzeugt es nur unnötigen Druck und das Gefühl es sei etwas mit dir nicht in Ordnung. Bereits früh haben viele von uns gelernt, irgendwie sein zu müssen, weil wir sonst nicht passen. Eine Schwangerschaft ist die großartige Chance zu unserer Ursprünglichkeit zurückzufinden. Das erfordert Mut und ein Einlassen auf die uralten Prozesse des Lebens.

2.2 Jetzt wird's rund

„Alles muss zum Wachsen Zeit haben."
(Carl Hilty)

Jede Frau erlebt ihre Schwangerschaft auf eine andere Weise, die eine ist aufgeregt, die andere supergelassen, manche Frauen haben ungewöhnliche Essensgelüste, andere finden gerade jetzt zu ihrer persönlichen Wohlfühlernährung und entdecken was sie wirklich nährt und stärkt. Auch jede weitere Schwangerschaft bei ein und derselben Frau ist ganz verschieden, wie ich selbst erfahren habe. Während meiner ersten Schwangerschaft, als unser Sternenkind sich viel zu kurz in meinem Bauch eingefunden hatte, war mir dauernd übel, im Stehen, im Liegen, beim Essen, wenn ich hungrig war, einfach immer. Als unsere Tochter unterwegs war, habe ich gerade zu Beginn der Schwangerschaft ziemlich viele Ängste ausgestanden. Ich war mir plötzlich unsicher, ob ich überhaupt ein Kind austragen kann, habe immer wieder ganz bewusst in meinen Bauch gespürt, ob mit meinem Baby alles in Ordnung ist. Da ich wenige körperliche Anzeichen einer Schwangerschaft hatte, gab es auch keinen sicheren Indikator an dem ich mitbekommen konnte, dass alles gut verläuft. Körperlich habe ich mich recht wohl gefühlt, hatte zu Beginn und im späteren Verlauf häufige Dehnungsschmerzen in den Leisten und dem Bauch, was in diesem Fall ungefährlich war und durch die Veränderung des Gewebes kam. Nun erwarten wir unser drittes Kind und ich fühle mich einmal komplett umgekrempelt. Mir ist flau, aber nicht schlecht, ich fühle mich wackelig, aber nicht unsicher, ständig ist mir duselig, als ob ich jeden Moment umkippen könnte und doch stehe ich mit beiden Beinen so fest und sicher in meinem Leben wie nie zuvor.

Gerade in der Anfangsphase einer Schwangerschaft, mit den zahlreichen Veränderungen und dem ganzen Unbekannten, ist es wichtig sich zu erden, Stabilität zu finden in all dem Neuen. Eine wohltuende Übung aus dem Pranayama heißt Anuloma Viloma. Es ist eine nasale Wechselatmung bei der immer abwechselnd ein Nasenloch verschlossen und durch das andere geatmet wird. Sie wirkt ausgleichend auf den Geist und bringt innere Ruhe.

Ganz wichtig bei jeder Pranayamaübung ist eine behutsame Praxis. Achte in jeder Ein- und Ausatmung darauf, deinen Atem ganz sanft fließen zu lassen. Pranayama ist eine kraftvolle Quelle, die sehr zart und mit großer Achtsamkeit eingesetzt werden muss. Lass Raum für deinen Atem entstehen, aber übe keinen

Druck aus, indem du die Atmung verlängerst oder vertiefst. Es wird dir besonders gut tun, wenn du in einer klaren Bewusstheit deine natürliche Atmung wahrnimmst ohne sie zu beeinflussen. Wie bei jeder Yogaübung geht es um Präsenz im Hier und Jetzt, die dann eine Wohltat sein wird.

Übung: „Ausgleichende Wechselatmung"

Zeit: ca. 10 Minuten

Das brauchst du: einen ruhigen Ort

Richte dich in einer aufrechten Haltung auf einem Stuhl oder auf dem Boden ein, so dass dein Atem frei fließen kann. Ziehe deine Schulterblätter nach unten und dein Kinn ganz leicht zur Brust. Falls du dich für Sukhasana, den Schneidersitz, zur Durchführung von Anuloma Viloma entscheidest, sollten deine Knie tiefer sein als deine Hüften. Das gelingt, indem du dich auf eine zusammengerollte Decke oder ein Meditationskissen setzt. Wenn deine Knie noch in der Luft schweben, unterpolstere sie mit Kissen oder Tüchern, damit du sie nicht während der ganzen Übung halten musst. Entspanne deine Beine aus den Leisten heraus und lass die Knie in den Boden sinken.

Leg beide Hände mit den Handflächen nach unten auf deine Oberschenkel. Schließe nun deine Augen, lass den Atem kommen und gehen, ganz unbeeinflusst. Mit jedem Atemzug lässt du das Äußere mehr und mehr los und dich tiefer auf dein Inneres ein. Wenn dich zwischendurch Gedanken oder Geräusche ablenken, dann nimm es kurz wahr und kehre dann mit deiner ganzen Aufmerksamkeit zu deinem Atem zurück.

Klappe nun Zeige-, Mittel- und Ringfinger deiner rechten Hand ein und strecke Daumen und den kleinen Finger ab. Falls du LinkshänderIn bist, führe es mit der linken Hand durch.

Atme durch beide Nasenlöcher ein und aus. Verschließe nun mit dem Daumen dein rechtes Nasenloch. Atme durch das linke Nasenloch ein und aus. Verschließe dann mit dem kleinen Finger dein linkes Nasenloch. Atme durch die offene rechte Seite ein und aus. Wiederhole diese Art zu Atmen für einige Atemzüge im Wechsel, aber nur so lange sie dir gut tut. Wenn du ein Gefühl von Anstrengung, Schwindel oder Unwohlsein empfindest, beende die Übung sofort und lass deinen Atem in Ruhe weiterfließen.

Um die Übung vollständig zu beenden atmest du durch das linke Nasenloch aus. Leg deine rechte Hand mit der Handfläche nach unten auf den Oberschenkel. Halte deine Augen geschlossen und spüre der Übung in einer meditativen Entspannung nach. Nimm wahr, wie du dich fühlst, wie dein Atem fließt, was du empfindest. Verweile nicht zu lange bei einem Eindruck oder versuche ihn zu benennen, nimm es wahr und lass es dann wieder los.

Dann komm langsam zurück von deiner inneren Reise und öffne sanft deine Augen.

Eine Schwangerschaft ist ein Segen und gleichzeitig ein großer Kraftakt für Körper und Seele. In den kommenden Monaten werden deine Proportionen sich ständig verändern. Jeden Tag wachst du auf und findest dich in einem neuen Körper wieder. Du hast keine Zeit, dich an ihn zu gewöhnen, weil er morgen schon wieder anders sein wird. Dein Körper wird weicher, runder, all das von dem die Medien nicht müde werden uns zu sagen, es sei unattraktiv, habe mit mangelnder sportlicher Disziplin zu tun. In unzähligen Zeitschriften wird dir erklärt, was gerade in dir vorgeht, wie viele Kilo an Gewicht du zunehmen darfst und wie schwangere Models sich „InShape" halten. Halte dich nicht an solchen Oberflächlichkeiten auf, die dich unter Druck setzen und unzufrieden machen. Versuche dich auf diesen transformierenden Prozess einzulassen, indem du wie bei einer Meditation beobachtest was gerade ist, wie du dich fühlst, was in dir vorgeht, ohne es zu bewerten. In der wohlwollenden Betrachtung der Veränderung kann eine tiefe Ruhe und Sicherheit entstehen. So sehr sich dein Körper nun verändert, er wird nach der Geburt in ein neues Gleichgewicht finden. Unterstütze und sorge gut für ihn, indem du dich liebevoll pflegst und dir zum Beispiel gegen Ende der Schwangerschaft die Nächte mit einem Stillkissen zur bequemen Lagerung erleichterst. Auch deine Seele befindet sich in einem tiefgreifenden Umbruch. Vielleicht bist du emotional völlig offen, spürst dich und deine Bedürfnisse nach langer Zeit zum ersten Mal wieder. Wenn du gerade noch versuchst dagegen anzukämpfen, weil du dich dadurch verletzlich fühlst und emotionale Offenheit mit Schwäche verbindest, versuche auch hier einen liebevollen Blick für dich zu entwickeln. Es mag dir Angst machen deine Sanftheit zu entdecken, die besonders im Arbeitsleben häufig unerwünscht ist und mit mangelndem Durchsetzungsvermögen oder fehlender fachlicher Kompetenz gleichgestellt wird. Dabei ist es die unbändige Kraft der ursprünglichen Weiblichkeit an der es in vielen Bereichen unserer Gesellschaft mangelt. Kleinen Mädchen wird von ihrer Umwelt immer noch beigebracht lieb und brav zu sein, um gemocht zu werden. Dabei sollen sie ihre natürliche Wildheit und Abenteuerlust unterdrücken, sich anpassen und in ihrer Energie zurücknehmen. Das haben viele Frauen dermaßen verinnerlicht, dass die durch den transformierenden Prozess der Schwangerschaft aufkeimende emotionale Natürlichkeit für sie eine gefühlte Bedrohung darstellt. Wenn es dir auch so geht, sei versichert du bist damit nicht allein. Vielen schwangeren Frauen geht es ähnlich, doch sprechen nur wenige von ihnen darüber wie verletzlich, lebendig, aufgewühlt oder kraftvoll sie sich durch ihre neu entdeckte Weiblichkeit erleben. Manche drücken die aufkeimende Freiheit weg, übertünchen sie mit für Schwangere unauffälligen Aktivitäten, verbergen sie im bisher gelebten Funktionieren. Erlaube dir, deine Fülle Wahrzunehmen. Sich selbst zu spüren ist ein Geschenk und bietet dir eine einzigartige Möglichkeit zu innerem Wachstum.

In kleinen Schritten wird es leichter neue Wege zu beschreiten. Wenn dir bewusst wird was du nicht (mehr) möchtest, erlaube dir es zu äußern. Du darfst entscheiden womit du dich wohlfühlst und was dir unangenehm ist, es ist dein Körper, dein Leben. Intime Fragen über dich, deine Schwangerschaft, eure Partnerschaft, ob das Baby ein Wunschkind ist, wie lange ihr versucht habt schwanger zu werden und so weiter, musst du nicht beantworten. Es sind verbale Übergriffe in deine Privatsphäre, die du nicht tolerieren musst. Auch körperliche Übertritte, wie ungefragt deinen gewölbten Bauch anzufassen, darfst du klar und bestimmt beenden. Hab Vertrauen in deine Intuition, sie ist der Schlüssel zu deinem seelischen Wohlergehen und wird umso selbstverständlicher für dich werden je häufiger du nach ihr handelst. Manchmal kann man gar nicht so schnell reagieren, wie sich Menschen unverschämt verhalten. Aber du darfst zu jedem Zeitpunkt, auch nachträglich, sagen, was du nicht magst, was dir unangenehm ist oder unpassend erscheint. Bleib dabei ruhig und halte dir vor Augen, dass das Verhalten der Menschen weniger über dich aussagt als über sie selbst.

Wenn du vor der Schwangerschaft bereits in Kontakt mit dir getreten bist, sind das tolle Voraussetzungen, dich in dieser Wackelsituation zurechtzufinden. Doch auch jetzt ist noch Zeit genug, in deine Gefühlswelt einzutauchen, deiner Intuition Raum zu geben und nach deinen Überzeugungen zu handeln. Dazu ist es nie zu spät und selten zu früh. Denn genau jetzt brauchst du Kraft aus dir selbst heraus für Entscheidungen, die du als richtig empfindest.

Übung: „Wahrnehmen deiner Fülle"

Zeit: ca. 15 Minuten

Das brauchst du: einen ruhigen Ort

Setz dich bequem hin. Leg deine Hände mit den Handflächen nach unten auf deine Oberschenkel, die Ellenbogen fallen locker nach außen. Lass die Schultern sinken und schließe deine Augen. Atme ruhig durch die Nase ein und aus. Nimm wahr, wie du immer entspannter wirst und dein Atem frei fließt. Wenn Gedanken durch deinen Kopf kreisen, nimm sie wahr und lass sie auf Wolken vorüberziehen. Es ist in Ordnung, wenn dich etwas ablenkt. Bleib sanft mit dir und nimm die Ablenkung wahr ohne dich dafür zu kritisieren. Komm mit deiner Aufmerksamkeit immer wieder zu deinem ganz natürlich fließenden Atem zurück.

Nimm nun den Raum in dir wahr, dein gesamtes Inneres von den Fußsohlen bis zum Scheitel, von deinem linken bis zu deinem rechten Arm. Wie fühlt sich das an? Was spürst du? Wenn gerade viel in dir vorgeht und du dein Inneres als voll oder unruhig wahrnimmst, versuche einen ruhigen Ort in dir zu finden. Ein kleines Plätzchen in dem Raum ist. Dann stell dir vor, wie du über deinen Atem ein goldenes Licht in diesen Bereich bringst.

Mit jeder Einatmung schickst du dieses wohltuende Leuchten an den kleinen Platz von Ruhe und Raum in dir. Mit jeder Ausatmung lässt du etwas von der Überfüllung und dem Chaos drumherum los.

Wiederhole diese Vorstellung für einige Atemzüge ohne deine Atmung zu vertiefen oder dich besonders anzustrengen. Ganz natürlich lässt du das goldene Leuchten in dich einströmen und alles Überflüssige wieder los.

Dann beende die Atemübung und spüre nochmal bewusst in deinen inneren Raum. Nimm wahr wie er sich nun anfühlt ohne es zu bewerten. Genieße die Veränderung, bleib ganz in diesem heiligen Ort in dir.

Wenn du dich bereit fühlst, nimm langsam wieder Kontakt zu der äußeren Welt auf. Spüre in die Kontaktpunkte zwischen deinem Körper und dem Boden. Erkenne die Luft, die dich umgibt. Lass dir dazu einige Atemzüge Zeit.

Dann komm langsam zurück von deiner inneren Reise und öffne sanft deine Augen.

Deine innere Veränderung nehmen zuerst die Menschen wahr, die dir am nächsten sind. Besonders dein Partner wird mit der sich wandelnden Frau an seiner Seite herausgefordert sich ebenfalls tiefer mit eurem Prozess des Elternwerdens zu beschäftigen. Vielleicht fühlst du dich momentan von deinem Partner unverstanden. In dir verändert sich so viel und du trägst gerade die alleinige Verantwortung für euer gemeinsames Kind. Für deinen Partner geht in seinem Alltag bisher vieles noch wie gewohnt weiter. Scheinbar. Denn sei versichert auch er geht durch einen Veränderungsprozess, nur ist dieser nicht so offensichtlich wie deiner. Bis heute wird über die Umbrüche im Innenleben der werdenden Väter wenig bis überhaupt nicht gesprochen. Bei manchen Männern, die eher selten über ihre Gefühle sprechen, kann sich die Verunsicherung durch die unbekannte Situation auf schräg wirkende Weise äußern. Mit Verhaltensweisen, die scheinbar nichts mit dem eigentlichen Thema zu tun haben. Ein Freund von mir erzählte zum Beispiel ausführlich über die merkwürdigen Essensgelüste seiner Frau während ihrer Schwangerschaft. Er erzählte es so nett und lustig, dass ich spürte wie sehr ihn die Veränderungen seiner Partnerin beschäftigten. Im weiteren Verlauf unserer Unterhaltung blitzten kurze Eindrücke von unendlicher Freude auf sein Kind gepaart mit den Sorgen eines werdenden Papas hervor. Wirklich ausgesprochen hat er keine Bedenken. Trotzdem tat es ihm scheinbar sehr gut, völlig frei über die Nahrungsmittelverwirrung seiner Frau zu sprechen ohne die dahinterliegenden Nöte zu benennen. Auf seine ganz eigene Weise konnte er damit etwas von seiner inneren Anspannung loslassen.

Der eigentlich absurd wirkende Ausdruck „wir sind schwanger" ist also eine treffende Beschreibung und gibt einen Hinweis auf den tiefgreifenden gemeinsamen Veränderungsprozess des Elternwerdens. Jeder von euch erlebt ihn anders und darf einen ganz persönlichen Umgang damit finden. Lasst die eigene Wahrnehmung vollumfänglich zu und nehmt gleichzeitig das Erleben des Partners als seine Realität an. Es geht um ein gemeinsames Erleben eurer Schwangerschaft auf unterschiedliche Weise. Wenn euer Partner völlig aufdreht, sämtliche Ratgeber über Schwangerschaft und Geburt durcharbeitet, Checklisten erstellt oder den Kinderwagen schon fertig konfiguriert hat, dann ist das sein Weg sich vorzubereiten. Andere angehende Väter ziehen sich wiederum sehr zurück und überlassen ihrer Partnerin sämtliche Vorbereitungen oder Entscheidungen. Beschreibt euren Männern was gerade in euch vorgeht. Habt keine Scheu auch unangenehme Gefühle mitzuteilen. Möglicherweise verstehen sie es nicht. Höchstwahrscheinlich können sie es überhaupt nicht nachvollziehen. Hättet ihr vor eurer Schwangerschaft die unglaubliche Fülle und Intensität der Gefühle nachvollziehen können, wie ihr sie nun erlebt? Habt also Verständnis für die manchmal bis häufig auftretende Ahnungs- oder sogar Hilflosigkeit eures Partners. Vor allem aber, liebe Männer, brauchen eure Frauen euch. Sie tragen gerade die komplette Verantwortung für euer gemeinsames Kind. Seid da! Haltet sie fest! Ihr müsst nichts sagen, wenn ihr selbst gerade keine Worte habt. Aber gebt ihnen immer, immer das Gefühl, dass alles gut wird. Sogar und ganz besonders, wenn ihr selbst nicht sicher seid, dass es das wird. Eure Frauen brauchen jetzt Sicherheit wo es keine gibt.

Ganz egal wie du und dein Partner mit euren Unsicherheiten und Sorgen umgeht wichtig ist, dass ihr einen Weg findet ins Gespräch zu kommen, euch über Sorgen, Ängste, Hoffnungen und Träume auszutauschen. Nehmt euch Zeit für einen netten Abend zu zweit bei dem ihr euch in entspannter Atmosphäre über Vorstellungen, Wünsche und Werte eurer Elternschaft austauscht. Geht gemeinsam zu Vorsorgeterminen. Auf diese Weise erlebt auch der werdende Papa sein Kind in Bewegung, die ihr als werdende Mamas recht regelmäßig im Bauch spüren könnt. Auch einen Geburtsvorbereitungskurs könnt ihr als gemeinsame Elternzeit verstehen. Dort werdet ihr anderen Frauen und Männern in einer ähnlichen Situation begegnen. Tauscht euch aus, hört euch die Informationen der Hebamme an, aber nehmt den Kurs nicht als eins zu eins Vorbereitung auf die Geburt. Auf einen derart natürlichen Vorgang wie eine Geburt kann man sich nicht vorbereiten. Informationen und Erfahrungen können hilfreich sein, beruhigen, eine Vorstellung von dem geben was alles sein kann. Was jedoch genau passieren wird, ob euer Kind in vier oder vierundzwanzig Stunden auf die Welt kommt, wie ihr den Prozess des Gebärens erlebt, darauf kann euch niemand vorbereiten. Bei allen beschriebenen Ideen geht es um das Miteinander zwischen euch. Ihr seid ein Paar, das nun auch zu Eltern wird.

Übung: „Sicher in deinem Leben stehen"

Tadasana, die Berghaltung, bietet dir einen sicheren und leichten Stand in dem du deinen Körper ausbalancieren kannst. In ihr wird es möglich, dich an deinem Platz zu verwurzeln.

Zeit: ca. 10 Minuten

Das brauchst du: einen ruhigen Ort

Nimm eine entspannte und sichere Haltung im Stehen ein. Deine Füße sind hüftbreit voneinander entfernt und parallel zueinander ausgerichtet. Verteile dein gesamtes Körpergewicht gleichmäßig auf die drei Punkte von Ferse, Großzehballen und Kleinzehballen deiner Füße, indem du dich leicht vor, zurück und jeweils zu den Seiten wiegst. Lass die Wiegebewegungen kleiner werden und finde deine Balance auf den drei genannten Punkten. Zieh die Kniescheiben hoch. Kipp deine Hüfte nach hinten, so dass das Steißbein zum Boden zieht und dein Schambein sich zum Bauchnabel bewegt. Nun zieh den Bauchnabel Richtung Wirbelsäule, die Schulterblätter nach unten und das Kinn leicht zur Brust. Stell dir vor, wie die Krone deines Kopfes an einem Faden hängt. Deine Fingerspitzen werden leicht zum Boden gezogen. Du bist nun in Tadasana angekommen.

Lass deinen Atem kommen und gehen, gleichmäßig und ausgewogen. Spüre deine körperliche Ausgeglichenheit und deine innere Balance. Hebe nun langsam deinen rechten Fuß und lass ihn kurz über dem Boden schweben. Stell dir vor, wie dein linker Fuß sich tief in der Erde verwurzelt und du weiterhin sicher stehst. Dein Atem fließt ruhig und tief für einige Züge weiter. Dann setze deinen rechten Fuß mit hüftbreitem Abstand parallel zum linken Fuß auf. Pendele dich in deiner ausgewogenen Haltung ein. Bleib für einige Atemzüge hier. Dann wiederhole die Balanceübung mit deinem linken Fuß.

Wenn du dich wieder in Tadasana eingerichtet hast, bleib mit deiner vollen Aufmerksamkeit in deinem Körper. Nimm wahr, welche Gefühle aufkommen, was du in dir wahrnimmst. Erkenne es an wie es ist ohne es verändern zu wollen oder zu bewerten.

Dann komm langsam zurück von deiner inneren Reise und öffne sanft deine Augen.

2.3 Nestbau für das Küken

„Denke nicht so oft an das, was dir fehlt,
sondern an das was du hast."

(Marc Aurel)

Je näher der Entbindungstermin deines Kindes rückt umso wichtiger wird es für dich euer Zuhause gemütlich zu gestalten und besondere Plätze für den kleinen Menschen, der bald einziehen wird, einzurichten. Natürlich möchtest du es ganz besonders schön haben und das geht auch mit kleinem Budget. Auf Kindersachenflohmärkten findest du tolle Klamöttchen, die entweder nur ganz selten getragen wurden oder noch unbenutzt sind, weil manche Eltern einfach zu viele Kleidungsstücke gekauft oder geschenkt bekommen haben. Gerade die ganz kleinen Babys wachsen unglaublich schnell und wechseln nach wenigen Lebenswochen bereits zur nächsten Kleidergröße. Ihre Klamöttchen sind dann höchstens zwei- oder dreimal getragen und haben wahrscheinlich noch keinerlei Abnutzungsspuren. Außerdem enthalten bereits getragene Kindersachen keine Schadstoffe mehr, da sie schon einige Male gewaschen wurden. Auf Kindersachenflohmärkten kannst du tolle Schnäppchen machen und handelst damit auch noch nachhaltig, indem du Kleidung weiterverwendest und somit Ressourcen schonst. Achte auf Plakate in Geschäften und Kindergärten oder schau im Internet, ob es für deine Stadt eine Seite mit den nächsten Veranstaltungsterminen gibt. Vielleicht ist in deinem Umfeld eine andere werdende Mama und ihr könnt zusammen stöbern. Eine Freundin von mir hat ihren ersten Kindersachenflohmarkt mit mir zusammen besucht und es hat sie sofort gepackt. Sie war völlig begeistert von der riesigen Auswahl, den tollen Klamöttchen und den günstigen Preisen. Inzwischen ist sie diejenige, die mich nach den nächsten Terminen fragt und es kaum erwarten kann hinzugehen.

Eine weitere Möglichkeit, gut erhaltene Babykleidung zu finden, sind Onlinekleiderbörsen. Hier musst du allerdings noch mit Versandkosten rechnen und kannst die Sachen nicht anfassen, sondern nur auf Fotos anschauen. Wenn du jedoch bei einer Anbieterin gleich mehrere Klamöttchen findest, kann sich so ein Kauf dann doch wieder lohnen. Übrigens findest du Online auch gute gebrauchte Schwangerschaftskleidung, die man ja auch nur eine relativ kurze Zeit trägt.

Gerade bei größeren Gegenständen, wie Bettchen, Hochstuhl oder Kinderwagen, kann es sich wieder richtig lohnen über ein Onlineportal in deiner Region zu suchen, damit du die Sachen vor Ort besichtigen kannst.

Manchmal sind ganz tolle Schnäppchen dabei, wie der Zweitkinderwagen, der bei Oma und Opa stand und nur relativ selten benutzt wurde. Wenn du Lust hast zu stöbern, kannst du tolle Dinge entdecken und das Nest für deinen kleinen Liebling ganz individuell einrichten.

Vielleicht gibt es in deinem Freundes- oder Bekanntenkreis schon Paare mit Kindern, die ebenfalls Kleidung oder Möbel abzugeben haben, weil die Kinder aus dem Pulli oder dem Bettchen rausgewachsen sind. Eine prima Gelegenheit, gepflegte Sachen zu kaufen. Wenn ihr Wünsche oder Ideen für Neuanschaffungen habt, könnt ihr diese in einer Liste aufsetzen und an Verwandte und Freunde geben, die euch zur Geburt etwas Besonderes schenken wollen. Grundsätzlich sind Klamöttchen und Möbel aus erster Hand also keine minderwertige Ware, sondern eine ökologisch sinnvolle, geldbeutelfreundliche Alternative zum Neukauf. Außerdem tut es dann nicht so weh, wenn doch mal Flecken oder sonstige Abnutzungsspuren entstehen.

Im Folgenden habe ich euch eine nach Themen sortierte Auflistung für eine Grundausstattung zusammengestellt, wie ich sie für sinnvoll halte. Ihr könnt sie einfach nach euren Wünschen und Bedürfnissen ergänzen.

Das leibliche Wohl

Besonders in den ersten Lebenswochen deines Kindes sind ihm Nähe, erholsamer Schlaf und ausreichend Nahrung am wichtigsten. Bekommt es von dem einen oder anderen zu wenig, wird es sein Missfallen darüber lautstark kundtun. Das Zubehör für Nähe und erholsamen Schlaf findest du in den Abschnitten „Ruheinseln und Spielplätzchen" beziehungsweise „Für WeltentdeckerInnen". Hier geht es nun ausschließlich um die Ausstattung zum Sattmachen. Je nachdem ob du dein Kleines mit der Flasche oder der Brust ernährst brauchst du unterschiedliche Dinge.

Für die Ernährung aus dem Fläschchen benötigst du eine **Anfangsmilch** in Pulverform. Um die für dein Baby am besten geeignete Milch zu finden, sprich mit deiner Hebamme oder schau dir aktuelle Testergebnisse von Stiftung Ökotest oder Stiftung Warentest an. Ein teures Milchpulver muss nicht das gesündeste sein, oft gibt es sehr gute und günstige Produkte, die dein Kind mit allem versorgen was es für sein Wachstum und seine Entwicklung braucht. In den ersten Lebenswochen trinkt dein Baby etwa alle zwei bis drei Stunden. Daher solltest du dir ausreichend **Fläschchen (etwa 6 bis 8 Stück)** zulegen, um diese dann nur einmal am Tag reinigen zu müssen. Für die Reinigung benötigst du kein

Gerät, sondern kannst sie in einem **großen Topf**, den du ausschließlich dazu verwendest, mit viel Wasser einige Minuten auskochen.

Fürs Stillen brauchst du besonders zu Beginn eine pflegende **Brustwarzensalbe** und **Stilleinlagen** für den BH. **Stillkleidung** mit der du schnell und bequem an deine Brust kommst macht dir und deinem Kind das Stillen einfacher. Falls du Muttermilch abpumpen möchtest, zum Beispiel damit dein Partner auch einmal eine Nachtschicht übernehmen kann, benötigst du eine **Milchpumpe**. Mit einem Rezept von deiner Gynäkologin / deinem Gynäkologen oder dem Kinderarzt / der Kinderärztin kannst du ein solches Gerät gegen eine Kaution in vielen Apotheken ausleihen.

Ein unerlässliches Zubehör für jede Ernährungsform sind **Moltontücher (etwa 8 bis 10 Stück)**, sie sind saugfähig um ausgespuckte Milch aufzunehmen und angenehm weich um Milchreste vom zarten Babymund abzutupfen. Wenn du stillst, kannst du in der Öffentlichkeit mit einem Moltontuch etwas Privatsphäre für dich und dein Kind schaffen indem du es über deine Schulter, die Brust und das Köpfchen deines saugenden Babys legst. Weiterhin ist ein **Stillkissen** (mindestens 1,80 m lang) super-praktisch, um dich und dein Kind in eine komfortable Trinkposition zu bringen, die dann auch eine Weile gehalten werden kann. Bereits während der letzten Schwangerschaftszeit kannst du das Stillkissen nutzen, um besonders nachts eine entspannte Schlafhaltung zu finden.

Ruheinseln und Spielplätzchen

Im ersten Jahr schlafen Babys am besten in einem Zimmer mit euch, so dass ein voll ausgestattetes Kinderzimmer zwar nett aussieht, aber nicht unbedingt nötig ist. Wenn du dich dazu entscheidest, dein Kind mit im Elternbett schlafen zu lassen, ist eine **Wickelauflage** mit höheren Seitenteilen und einem Überzug eine gute Möglichkeit, um dein Kleines sicher in eurer Nähe zu haben. Alternativ kannst du ein **Beistellbettchen** nutzen, das direkt an dein Bett angrenzt. Dazu benötigst du jeweils zwei **wasserdichte Unterlagen** und zwei **Spannbetttücher** in der Größe der Matratze.

In jedem Fall braucht ihr der Jahreszeit entsprechend zwei **Schlafsäcke** in der passenden Größe, also etwas länger als die Körperlänge eures Kindes, damit es die Beinchen frei bewegen kann. Besonders für Winterbabys ist ein **Körnerkissen** sehr angenehm, um das Bettchen vor dem Schlafengehen anzuwärmen. Achtet darauf, dass die angewärmte Liegefläche handwarm und nicht zu heiß ist und lasst das Körnerkissen auf keinen Fall unbeaufsichtigt bei eurem Kind liegen, da es sonst zu Verbrennungen kommen kann. Ein Babyphon braucht man erst später, weil man das Kleine die ersten Monate sowieso meistens trägt oder in seiner Nähe hat.

Für das sichere Ablegen eures Kindes in der Wohnung eignet sich ein **Laufgitter** mit höhenverstellbarem Boden ganz ausgezeichnet. Wenn das Baby noch klein ist, könnt ihr es kurz dort ablegen, um beispielsweise mal auf die Toilette zu gehen oder die Waschmaschine auszuräumen. Wenn euer Kleines sich in einigen Monaten bereits fortbewegen kann, setzt ihr den Boden des Laufgitters eine Etage runter und habt auf diese Weise einige Minuten, um etwas im Haushalt zu erledigen. Für gemeinsame Kuschel- und Spielerfahrungen ist eine dicke **Krabbeldecke** bestens geeignet, die ihr mal hier, mal dort auf dem Boden ausbreiten und auch mit zu Oma und Opa nehmen könnt.

Körperpflege und erste Planscherfahrungen

Für die tägliche Pflege eures Kindes ist ein **Wickeltisch** mit einer **weichen Auflage** sehr praktisch. Er sollte eine für beide Partner angenehme Höhe haben, da man besonders am Anfang ziemlich häufig wickelt.

Achtet bei der Auflage auf geprüfte Qualität, besonders bei den abwaschbaren Modellen. Viele enthalten schädliche Stoffe. Da euer Kind auch mal nackt darauf liegt und dadurch großflächigen Hautkontakt mit der Unterlage hat, ist hier eine bewusste Auswahl wichtig. Alternativ könnt ihr auch eine Wickelunterlage aus Stoff wählen und darauf eine wasserdichte Stoffauflage legen, die man auch für die Matratze nehmen kann. Obendrauf kommt noch ein Moltontuch, das man bei kleineren Unfällen einfach austauscht. Zu einigen Kommoden findet ihr inzwischen im Internet passende **Wickelrahmen**, die ihr während der Babyzeit anbringen könnt. Wird das Kind größer und muss nicht mehr gewickelt werden, kann man den Rahmen abnehmen und hat eine schöne Kommode für allerlei Spielsachen oder Klamöttchen und muss kein neues Möbelstück anschaffen.

Besonders für Winterbabys ist eine **Wärmelampe** wichtig, die ihr über dem Wickeltisch anbringt. Auch ein **Windeleimer** gehört zur Erstausstattung. Dabei muss es kein teures Modell sein, das Geruchsneutralität verspricht. Ein Treteimer mit gut schließendem Deckel reicht völlig. Später bringt man Windeln mit größerem Geschäft sowieso meist freiwillig direkt in die Mülltonne.

Zum tatsächlichen Wickeln benötigt ihr eine Packung **Wegwerfwindeln** in der passenden Größe oder **Stoffwindeln, Feuchttücher, Babyöl** und eine **Wund(schutz)creme**.

Das erste Bad darf dein Baby nehmen, wenn die Nabelschnur abgefallen und der Nabel völlig abgeheilt ist. Dazu kannst du dir entweder eine **Babybadewanne** zulegen oder du kannst dein Kind in einem großen Waschbecken baden.

Als weiteres Zubehör benötigst du vier **Waschlappen** und ein **Kapuzenbadetuch**. Ein **Badethermometer** ist hilfreich, um das Wasser wohlig zu temperieren. Allerdings solltet ihr euch nicht zwangsläufig an die empfohlene Badetemperatur halten. Unserer ersten Tochter waren die „idealen" 37 Grad zu warm und das hat sie lautstark mitgeteilt.

Falls dein Baby schon Haare hat, ist eine **weiche Bürste** wunderbar, um den feinen Flaum nach dem Baden zu pflegen. Eine **Nagelschere** benötigst du erst vier bis sechs Wochen nach der Geburt deines Kindes, da die Nägelchen vorher noch sehr weich sind. Sollten sie so spitz oder lang sein, dass sich dein Kind damit schon Kratzer im Gesicht zufügt, halte Rücksprache mit deiner Hebamme, ob du sie schon etwas früher schneiden kannst. Übrigens sind Babynagelscheren sinniger

Weise so konzipiert, dass nur sehr zarte Finger oder Kinderfinger in die Ösen passen, obwohl es eher unwahrscheinlich ist, dass die Kleinen sich ihre Nägel selbst schneiden.

Für WeltentdeckerInnen

Natürlich wollt ihr mit eurem Baby an die frische Luft und in die Natur. Ein **Kombikinderwagen** mit Dreifachausstattung (Babyschale (auch zum Autofahren geeignet), Babywanne und Sportwagenaufsatz) wächst vom ersten Lebenstag bis etwa zum vierten Lebensjahr mit. Je nach Jahreszeit könnt ihr euer Baby auf eine dünne **Decke** legen oder für Winterbabys eine warme **Einschlagdecke** nutzen.

Ergänzend zum Kinderwagen ist besonders in den ersten Monaten ein **Tragetuch** sehr angenehm, um ganz viel Körpernähe mit deinem Kind zu haben. Später könnt ihr dann auf eine **Babytrage** umsteigen. Achtet vor dem Kauf auf einen guten Sitz, auch an eurem Körper, das Kind wächst schnell und euer Rücken wird euch eine sorgfältige Auswahl danken. In einer **Wickeltasche** könnt ihr neben einer **dünnen Wickelunterlage**, Wechselklamöttchen, Windeln, Feuchttüchern und Fläschchen auch einen **Milchpulverdosierer** und eine kleine **Thermoskanne** mit Wasser auf Trinktemperatur verstauen. Für Winterbabys braucht ihr zudem noch **Handschuhe** und einen **Winteroverall**. Sommerbabys benötigen ein **Sonnenhütchen** mit breiter Krempe oder Nackenschutz und einen **Sonnenschirm** beziehungsweise ein **Sonnensegel**, das ihr am Kinderwagen anbringt.

Klamöttchen und sonstige Helferlein

Je nachdem wie häufig euer Baby spuckt und wie oft ihr waschen wollt, braucht ihr unterschiedlich viele Klamöttchen. Mein Rat: Macht es euch leicht und kauft auf dem Flohmarkt lieber zwei Bodys mehr. Wickelbodys sind total praktisch, weil du dein Baby einfach darauflegst und nichts über das sensible Köpfchen ziehen musst. Im Folgenden findest du nun alle weiteren Klamöttchen und sonstigen Helferlein aufgelistet.

5 - 7 Wickelbodys mit langem Arm

2 Wickelbodys mit Kurzarm

5 lange Schlupfhosen oder Leggings (keine harten Jeans mit Knöpfen, die drücken nur am Bauch)

2 – 3 kurze Hosen (im Hochsommer)

4 Paar Söckchen (je nach Jahreszeit muckelig warm oder ganz leicht)

3 Jäckchen (Strick oder Fleece)

1 – 2 Jacken (je nach Jahreszeit)

1 Mützchen

1 Sonnenhütchen (Sommer)

1 Paar Fäustlinge (Winter)

1 Paar Stoffschühchen zum Drüberziehen über die Söckchen (Winter)

4 Halstücher mit Druckknopf

1 Babydecke (zum Zudecken oder als Spielunterlage)

Nachdem du nun einen Überblick hast was du für die Pflege und Versorgung deines Babys brauchst, gehen wir vom Außen nochmal zurück ins Innere. Es ist so verbreitet sich auf ein Kind vorzubereiten, indem man Klamöttchen kauft und das Zimmer einrichtet. Natürlich gehört es dazu und macht super-viel Freude. Die bedeutendste Vorbereitung findet jedoch in dir statt, in einem seelisch-geistigen Wachstum, das während der Schwangerschaft geschieht. Während der vierzig Wochen der Entwicklung deines Kindes wandelt sich dein Leben in einem bisher nicht gekannten Ausmaß. Dein Körper verändert sich kontinuierlich und deine Seele kommt manchmal überhaupt nicht hinterher. Deshalb ist es nun ganz besonders wichtig, dass du dir Zeit zum Innehalten nimmst. Spüre jeden Tag für einige Augenblicke in dich hinein.

Übung: „Das innere Nest"

Zeit: 7 Minuten

Das brauchst du: einen ruhigen Ort

Nimm eine aufrechte und bequeme Sitzhaltung ein. Schließe deine Augen, leg die Hände auf deinen Bauch und nimm wahr was in dir vorgeht. Wenn deine Gedanken dich nicht zur Ruhe kommen lassen, konzentriere dich auf deinen Atem wie er ganz von alleine kommt und geht.

Komm immer wieder zu deinem Atemfluss zurück wenn dich etwas ablenkt und spüre welche Gefühle beachtet werden wollen.

Bleib so lange in der Übung wie du magst.

Dann komm langsam zurück von deiner inneren Reise und öffne sanft deine Augen.

Vielleicht tut es dir gut deine inneren Eindrücke in ein Schwangerschaftstagebuch zu schreiben. Hier darfst du alles eintragen was dich bewegt, ohne Sorge vor Beurteilung. Es sind dein Tagebuch, deine Schwangerschaft und deine Gefühle.

2.4 (Über-)Lebensmittel für Mama und Papa

„Wenn du hundert Yen hast, kaufe dir für fünfzig Yen
Brot, für die anderen fünfzig aber
Hyazinthen für die Seele."
(Aus Japan)

Das Nest für euer Küken ist nun gerichtet. Wie schaut es denn mit schönen und nützlichen Dingen für euch beide aus? In der ersten Zeit nach der Geburt braucht ihr vor allem Ruhe und Fürsorge. Vielleicht habt ihr das große Glück zugewandte, liebevolle Menschen in eurem Leben und eurer räumlichen Nähe zu haben, die euch umsorgen. In einer derart sensiblen und besonderen Zeit wie der Schwangerschaft und dem Wochenbett braucht man Menschen um sich, denen man vertrauen kann, die zuverlässig sind. Sie in der Nähe zu wissen ist ein Segen. Sprecht rechtzeitig vor der Geburt über eine mögliche Unterstützung. Vielleicht erhaltet ihr Angebote von euren Freunden nach der Entbindung im Haushalt zu helfen oder für euch zu kochen. Nehmt jede Hilfe von Menschen an mit denen ihr euch wohlfühlt, denen ihr ungeduscht, verschlafen oder verheult begegnen könnt und euch trotzdem relativ wohlfühlt. Dadurch habt ihr mehr Ruhe und Kraft für euer Baby.

Immer häufiger wohnen nahe Verwandte oder enge Freunde allerdings kilometerweit entfernt, so dass ein regelmäßiger Besuch oder eine hilfreiche Entlastung im Haushalt nicht möglich sind. In diesem Fall könnt ihr selber gut für euch vorsorgen. Vorgekochtes und eingefrorenes Essen könnt ihr während der Wochenbettzeit ganz leicht erwärmen und müsst nicht erst losschnippeln, um eine gesunde Mahlzeit zu bekommen. Ein paar Flyer von verschiedenen Lieferdiensten können euch den neuen Alltag zu dritt ebenfalls erleichtern. Wenn es euch finanziell möglich ist und ihr euch damit wohlfühlt, könnt ihr für die ersten Wochen eine Putzhilfe einstellen. Jeder Freiraum ist eine Wohltat, besonders in der ersten Zeit nach der Entbindung.

Ein letzter Großeinkauf vor dem Leben zu dritt füllt eure Vorräte auf. Einkaufen mit einem Neugeborenen erscheint nämlich zunächst unmöglich. Selbst mit der Arbeitskraft von zwei erwachsenen Menschen glaubt man nie wieder vor 12 Uhr das Haus verlassen zu können. Irgendwas kommt immer dazwischen, volle Windel, Hunger, Mama muss Pipi, Papa hat vor lauter Müdigkeit den Schlüssel verlegt und so weiter und so fort. Füllt eure Speicher mit Lebensmitteln und Hygieneprodukten auf, es wird euch Freiraum für Wichtigeres bringen.

In der ruhigen Zeit vor der Entbindung solltet ihr es euch in eurem Zuhause richtig gemütlich zu machen. Ihr werdet in den ersten Wochen nach der Geburt, dem Wochenbett, hoffentlich viele kuschelige Momente daheim verbringen. Vielleicht wolltet ihr schon lange eine neue Tischdecke für den Esstisch besorgen oder es fehlt noch eine Lampe für angenehmes Licht im Wohnzimmer. Richtet euch nochmal bewusst so zu Hause ein, dass ihr euch wohlfühlt und gerne dort seid. Dabei übt ihr euch darin, gut für euch selbst zu sorgen. Das ist eine essentielle Fähigkeit, ganz besonders für Eltern.

Nun habt ihr einige Wege kennengelernt wie ihr Überlebensmittel für euch vorbereitet und Entlastung bei den täglich anstehenden Aufgaben organisieren könnt. Jetzt geht es darum auch gut für eure geistig-seelische Nahrung zu sorgen. In der ersten Zeit mit eurem Baby wird es so viel Neues, Ungewohntes und Anderes geben, dass es gut ist, wenn ihr euch jetzt schon überlegt wie ihr euch das Leben als Eltern vorstellt, jeder für sich und gemeinsam. Dazu findet ihr im Folgenden einige zentrale Fragen. Nehmt jeder einen Stift und ein Blatt zur Hand und findet zunächst einmal alleine Antworten darauf. Anschließend besprecht ihr eure

Ergebnisse, schaut wo ihr Übereinstimmungen habt und versucht bei den Unterschieden die Sichtweise des anderen zu verstehen, um dann eine gemeinsame Idee zu finden. Vielleicht gibt es auch Fragen auf die ihr sehr unterschiedliche Antworten habt und ein Kompromiss nicht zu finden ist. Lasst diese zunächst einmal so stehen. Entweder ergibt sich die Antwort nach der Geburt ganz von alleine, weil die Realität eine Einstellung von einem oder beiden verändert, oder ihr seid an dieser Stelle ganz verschieden und gebt eurem Kind damit Werte wie Offenheit und Toleranz mit.

Bestimmt habt ihr noch eigene Fragen über die ihr miteinander sprechen wollt. Schreibt sie zu den Fragen unten und klärt sie dann gemeinsam.

Fragen zum Elternsein

Wie stelle ich mir das Leben mit Kind vor?

Wie werde ich als Mama oder Papa sein?

Welche Werte sind mir im Umgang mit unserem Kind wichtig?

Wo soll unser Kind schlafen?

Wer kümmert sich wann?

Wie lange nehme ich Elternzeit?

Wer von uns verändert den zeitlichen Umfang seiner Berufstätigkeit und wie?

Wie teilen wir die Aufgaben im Haushalt auf?

Wie viel freie Zeit wünsche ich mir ausschließlich für mich?

Zum Abschluss eurer Überlegungen könnt ihr euch zu einem letzten Ausgehabend vor der Entbindung verabreden. Überlegt gemeinsam etwas an dem ihr beide Freude habt. Vielleicht nochmal ein Kinobesuch oder ein gemütliches Abendessen. Zelebriert die Zeit zu zweit, sie wird schon bald ziemlich rar werden. Dafür wird eure Familie um ein tolles Mitglied bereichert.

2.5 Dein Weg in die Welt

„Wer steilen Berg erklimmt,
hebt an mit ruhigem Schritt."
(William Shakespeare)

Eine Geburt ist ein kraftvoller, ursprünglicher und lebensverändernder Prozess in dem du dein Kind auf diese Welt entlässt. Fast zehn Monate hast du deinen Körper mit ihm geteilt, jede Regung wahrgenommen, auf jedes Ziepen mit Besorgnis reagiert. Nun ist es Zeit loszulassen, zum ersten und lange nicht zum letzten Mal. Aus zwei Menschen, die so eng miteinander verbunden waren wie es sonst nicht möglich ist, werden eine Mutter und ihr Kind. Dieser Übergang ist nicht nur körperlich schmerzhaft, sondern fordert auch eine große emotionale Kraftanstrengung. In deinem Bauch wusstest du dein Kind aufgehoben und versorgt. Nun entlässt du es in sein Leben, darfst es begleiten, aber hast weniger Einfluss auf sein Wohlergehen. Es wird seine eigenen Erfahrungen machen, gute und schlechte. In einigen Monaten wird es krabbeln, dann laufen lernen. Auf dem Weg dorthin warten zuckersüße Erfolge und manche schmerzhaften Rückschläge. Doch es wird dich immer an seiner Seite haben wenn es dich braucht.

Noch in der Mitte des letzten Jahrhunderts waren Hausgeburten die Regel. Erst ab den 1960er Jahren wurden Entbindungen im Krankenhaus zur Kassenleistung und in der Folge recht schnell zum Standard für Gebärende. Heute kannst du sehr frei wählen und gestalten wo und wie dein Kind auf die Welt kommen soll. In Geburtshäusern findest du eine heimelige Atmosphäre zum Entbinden. Zur Unterstützung während der Geburt kommen hier Aromatherapien, Homöopathie und Massagen zum Einsatz. Rund 98 % aller Babys kommen in Deutschland in einem Krankenhaus zur Welt. Dort findest du, neben oft neu eingerichteten Kreißsälen, eine medizinisch geprägte Umgebung und es besteht die Möglichkeit schmerzlindernde Medikamente bis hin zur PDA (= Periduralanästhesie) zu erhalten. Nur noch wenige Hebammen begleiten eine Hausgeburt, da die Versicherungskosten dafür enorm sind und von freiberuflich arbeitenden Geburtshelferinnen alleine getragen werden müssen. Wenn es dir und deinem Baby während der bisherigen Schwangerschaft gut ging und auch sonst keine Komplikationen absehbar sind, kannst du dich ebenso für eine Geburt in deiner gewohnten Umgebung entscheiden. Zur Unterstützung bei deiner Entscheidungsfindung solltest du dich durch den Besuch von Kreißsaalführungen im Krankenhaus, Informationsveranstaltungen von Geburtshäusern und bei Hebammen informieren. Lass die Eindrücke auf dich wirken, stell Fragen und spüre in dich hinein womit du dich wohlfühlen könntest.

Den Ort der Entbindung kannst du also relativ frei wählen. Zudem hast du noch die Möglichkeit den Weg auf dem dein Kind in diese Welt kommen soll mitzubestimmen. Eine vaginale Geburt, die auch als natürliche Geburt bezeichnet wird, birgt dabei andere Risiken als ein Kaiserschnitt. Laut dem OP-Manual der Gynäkologen und Geburtshilfe treten bei etwa zwei Drittel der vaginalen Geburten so genannte Geburtsverletzungen auf, also Verletzungen der äußeren oder inneren Genitalien der Mutter. Die häufigste Verletzung ist der Dammschnitt. Dabei wird der Damm in Richtung After eingeschnitten, um gegen Ende der Geburt die Geburtsdauer zu verkürzen und weiteren Komplikationen vorzubeugen. Leider sind die Folgen einer natürlichen Geburt, wie eine vorübergehende Inkontinenz oder Hämorrhoiden, die durch die Kraftentwicklung unter den Presswehen entstehen, immer noch Tabuthemen. Natürlich trägt nicht jede NeuMama körperliche Verletzungen von einer vaginalen Geburt davon. Dennoch sollte genauso offen über alle Belastungen von Schwangerschaft und Geburt gesprochen werden, wie über die daraus resultierende Freude.

Die Anzahl der Kaiserschnittgeburten ist in den vergangenen Jahren deutlich gestiegen. Deutschlandweit werden inzwischen 30 % aller Kinder auf diese Weise entbunden. Bei einem Kaiserschnitt wird die Bauchdecke der Mutter geöffnet, um das Kind auf die Welt zu holen. Man unterscheidet dabei drei Arten von Kaiserschnitten. Eine primäre Sectio wird aus medizinischen Gründen vor Einsetzen der Wehen zu einem geplanten Termin durchgeführt. Sekundäre Sectio bedeutet, dass unter einer vaginalen Geburt das Umschwenken auf einen Kaiserschnitt notwendig geworden ist. Bei einem Wunschkaiserschnitt liegt keine medizinische Notwendigkeit vor. Jedoch hat er meist sehr persönliche Gründe und damit die gleiche Berechtigung wie alle anderen Geburtswege.

Ein Geburtsplan kann hilfreich sein, um dich für deinen Weg der Entbindung zu entscheiden. Darin hältst du fest wie du dir deine Wunschgeburt vorstellst. Er ist eine gute Vorbereitung auf die natürliche Unplanbarkeit einer Entbindung. Du überlegst dir den Rahmen, der dir mögliche Angst und wahrscheinliche Schmerzen erleichtern kann. Dennoch bleibt eine Geburt ein großes Abenteuer, das man nicht schematisch vorbereiten kann. Wichtig ist die Entwicklung einer Idee von dem was du möchtest und was nicht. Wähle also euren Weg der Entbindung mit Bedacht. Es geht um dein Wohlergehen, um eure Art des Loslassens. Nimm dir Zeit, in dich hinein zu spüren. Die wichtigsten Vorbereitungen finden in dir statt, nicht im Außen.

Im Folgenden findest du einige Fragen, die dir deine mentale Vorbereitung auf dieses besondere Ereignis erleichtern können.

Wie fühlst du dich im Hinblick auf die Geburt?

Welche Ideen, Sorgen und Fragen hast du?

Wo willst du dein Kind auf die Welt bringen?

Willst du eine vaginale Geburt oder einen Kaiserschnitt?

Wen möchtest du bei der Entbindung an deiner Seite haben?

Wünschst du dir schmerzlindernde Mittel? Wenn ja, welche?

Welche Gebärpositionen möchtest du ausprobieren?

Was ist dir nach der Geburt wichtig?

Willst du stillen oder nicht?

Möchtest du so bald wie möglich nach Hause?

Wünschst du dir ein Familienzimmer für dich, deinen Partner und euer Baby?

Wenn du weitere Fragen hast, die du im Vorfeld der Entbindung für dich klären möchtest, dann ergänze diese Liste ganz nach deinen Bedürfnissen. Im Internet findest du unzählige weitere Geburtspläne von denen viele schon Antwortmöglichkeiten vorgeben. Vielleicht helfen dir die unterschiedlichen Ansätze ebenfalls weiter bei der Ideenfindung für deine Wunschgeburt.

Die nächste Übung kann hilfreich sein, um in deine Mitte zu finden und deine Antworten zu entdecken. Sie soll dich beim liebevollen Annehmen aller Gedanken und Gefühle im Hinblick auf die Geburt unterstützen. Alle möglichen Emotionen wie Unruhe, Vorfreude, Ratlosigkeit, Entdeckungslust oder Angst dürfen da sein.

Übung: „Umarme dich selbst"

Zeit: ca. 5 Minuten

Das brauchst du: einen ruhigen Ort

Richte dich im Stehen in Tadasana, der Berghaltung, ein oder komme im Sitzen, ein Stück entfernt von der Rückenlehne, in eine aufrechte Haltung. Leg nun deine Handflächen auf die Oberschenkel und schließ deine Augen. Komm in deiner Atmung zur Ruhe, indem der Atem gleichmäßig ein- und ausströmt. Richte deine Aufmerksamkeit vollkommen auf den natürlichen Fluss deiner Atmung. Lass die Schultern sinken und ziehe dein Kinn ganz sanft zur Brust. Bleib für einige Atemzüge in dieser Haltung.

Mit deiner nächsten Einatmung streckst du deine Arme seitlich und parallel zum Boden aus, die Handflächen zeigen dabei nach vorne, deine Finger sind gespreizt. Ausatmend umarmst du dich selbst und legst die Handflächen auf deine Schulterblätter. Lass nochmal bewusst die Schultern sinken und atme in den Raum zwischen deinen Schulterblättern. Mit jeder Einatmung fließt frische Energie dorthin, mit jeder Ausatmung löst sich die Anspannung aus diesem Teil deines Körpers.

Spüre deine Handflächen auf den Schulterblättern, die wohlige Umarmung, deinen inneren Halt. Atme weiter, tief und ruhig.

Dann löse die Umarmung, leg deine Handflüchen zurück auf die Oberschenkel oder lass die Arme entlang des Körpers hängen. Spüre der Übung für einen Moment nach.

Komm nun langsam zurück von deiner inneren Reise und öffne sanft deine Augen.

Schon während meiner Schwangerschaft mit unserer ersten Tochter hätte ich mir eine Hebamme wie Hilke gewünscht, die mich und unser zweites Mädchen gerade auf unserem gemeinsamen Entwicklungsweg begleitet. In regelmäßigen Abständen treffen wir uns während der Schwangerschaft. Sie ist da, wenn ich Fragen habe, unsicher bin oder Angst bekomme. Ich kann mit ihr über alles sprechen, keine Sorge ist zu banal, keine Frage zu blöd, Erklärungen nicht notwendig. Eine Hebamme wie Hilke an meiner Seite zu wissen ist ein Geschenk. Sie wird uns auch nach der Geburt durch das Wochenbett begleiten, zu uns nach Hause kommen, wenn das bunte Chaos einer neugeborenen Familie bei uns tobt. Kaum jemanden lässt man so nah an sich heran wie eine Hebamme. Eine sorgfältige Auswahl und Entscheidung für die Person eures Vertrauens ist essentiell.

Eine zugewandte Begleitung bei Fragen oder Unsicherheiten, die den Eltern ermöglichen ihre eigenen Ideen zu entwickeln und in ihre neue Rolle hineinzuwachsen, kann Findungsprozesse beschleunigen und damit rasche Abhilfe bei persönlichen Konflikten nach der Entbindung schaffen. Auch für Eltern die ihr zweites oder drittes Kind bekommen haben kann eine Hebamme wichtig sein. Elternwerden ist ein ständiger Prozess, der auch bei weiteren Kindern immer wieder neue Eltern hervorbringt. Manche Abläufe fallen beim zweiten Kind vielleicht leichter und man hat schon ein IdeenKöfferchen, was wann helfen könnte. Sicherlich muss man sich nicht alles völlig neu überlegen. Doch jedes weitere Baby ist ein neuer Mensch, den es in all seinen Facetten kennenzulernen gilt. Mit ihm wird eine neue Familie mit anderen Bedürfnissen und Strukturen geboren.

Leider werden die Wahlmöglichkeiten durch die akute und sich weiter verschlimmernde Hebammenknappheit in Deutschland stark eingeschränkt. Laut dem Ärzteblatt ist die Lage vor allem in Großstädten prekär. In Kliniken müssen sich mehrere Frauen unter der Geburt eine Hebamme teilen oder werden sogar auf andere Krankenhäuser verwiesen. Dabei ist die Beratung durch kompetente und einfühlsame Geburtshelferinnen auch nach der Entbindung essentiell für ein sicheres Zusammenfinden von Müttern und Kindern. Gerade Frauen mit ihrem ersten Baby haben viele Fragen zu Ernährung und Pflege, die durch Fallpauschalen der Krankenkassen im Krankenhaus finanziell nicht mehr abgedeckt werden können. Schau dich also frühzeitig nach Hebammen in deiner Nähe um und finde im persönlichen Gespräch heraus wem du dich in ruhiger Sicherheit mit allen noch so schrägen Sorgen und intimen Fragen anvertrauen könntest.

Ein weiteres Thema über das nur wenige Frauen sprechen können ist Gewalt in der Geburtshilfe, die seit 2014 ein Schwerpunktthema der Weltgesundheitsorganisation (WHO) ist. Dabei kann es sich um verbale oder körperliche Einwirkungen handeln, die mit der Gebärenden nicht abgesprochen sind oder sie psychisch unter Druck setzen. Verbale Gewalt kann zum Beispiel sein, wenn die Hebamme oder Ärzte der Frau Angst und Druck machen, dass sie sich gefälligst anstrengen soll, weil ihr Kind sonst gefährdet ist. Auch abwertende Bemerkungen zählen zu emotionalen Übergriffen. „Manche schaffen es halt nicht ohne PDA", war der Kommentar der Ärztin, die während der Geburt meiner ersten Tochter anwesend war.

Ein recht häufiger physischer Übergriff ist zum Beispiel, wenn eine Ärztin oder ein Arzt sich ohne Zustimmung auf den Bauch der Gebärenden wirft, um eine Wehe zu unterstützen. Unnötige vaginale Untersuchungen oder ein grob gelegter Urinkatheter gehören ebenfalls zu körperlicher Gewalt in der Geburtshilfe. Weitere Aufzählungen erspare ich euch und mir. An dieser Stelle ist es wichtig dieses sensible Thema überhaupt anzusprechen. Es soll euch informieren und darin stärken, dass ihr eure Grenzen kennt und setzt. Wenn sich etwas nicht richtig anfühlt, dann dürft ihr eurer Intuition vertrauen, Hilfe bei eurer Begleitperson suchen, die auch dabei ist, um schwierige Situationen für euch zu regeln.

In der emotionalen und körperlichen Schutzlosigkeit einer Geburt können derart traumatische Erlebnisse, wie Gewalt im Kreißsaal, nämlich weitreichende Folgen haben. Dazu gehören Depressionen, Posttraumatische Belastungsstörungen oder andere psychische Beschwerden. Unter den Erinnerungen an solche Gewalterfahrungen leiden Mütter oft noch jahrelang. Manche können den Geburtstag ihres Kindes kaum ertragen, weil sie mit ihm nicht hauptsächlich das freudige Ergebnis verbinden, sondern die widerfahrene Demütigung und Hilflosigkeit. Nach Schätzungen der Organisation „Human Rights in Childbirth" erleben etwa 40 - 50 % aller Mütter psychische oder physische Gewalt während oder nach der Geburt. Mehr und mehr Frauen trauen sich inzwischen darüber zu sprechen. Das ist besonders wichtig zur Verarbeitung dieser tiefgreifenden Verletzung, um innere Heilung überhaupt möglich werden zu lassen.

Jedes Jahr am 25. November findet der Roses Revolution Day statt an dem Frauen mit Gewalterfahrung unter der Geburt vor dem betreffenden Kreißsaal eine rosafarbene Rose niederlegen. Manche schreiben einen Brief dazu und veröffentlichen ein Foto in sozialen

Netzwerken. Dadurch werden die im Verborgenen begangenen Taten sichtbar, wird der Schmerz öffentlich benannt und es entsteht eine Gemeinschaft von Frauen, die ähnliches durchlitten haben. Nicht alleine zu sein mit den körperlichen und seelischen Verletzungen, kann die Traurigkeit über die Zerstörung eines ganz besonderen Ereignisses lindern. Es ist nicht die Schuld der Frauen, weil sie nicht kraftvoll genug waren oder sich sonst irgendwie falsch verhalten haben. Gründe für übergriffiges oder verletzendes Verhalten liegen einerseits in den Tätern selbst und zum anderen in den Umständen unter denen Menschen im Krankenhaus arbeiten. Durch finanzielle Kürzungen werden die Rahmenbedingungen für alle Beteiligten katastrophal. Es erklärt warum sich Fälle von Gewalt im Kreißsaal häufen, darf jedoch nicht als Rechtfertigung dienen. Solches Verhalten ist absolut inakzeptabel, intolerabel und muss rechtliche Konsequenzen nach sich ziehen. Die Häufigkeit der Taten darf jedoch nicht dazu führen, dass es als Normalität angesehen wird und eben unter der Geburt vorkommt. Gewalt in jeglicher Form ist ein grenzüberschreitender, zutiefst demütigender Akt, der Ausnutzung von Macht. Besonders schändlich ist er in einem Abhängigkeitsverhältnis wie der Niederkunft. Die Verletzlichkeit der werdenden Mutter muss Anlass zu größter Fürsorge und enormem Einfühlungsvermögen sein. Frauen in ihrer schöpferischen Kraft durch die Schmerzen der Geburt zu begleiten braucht Aufmerksamkeit, Ruhe und tiefste Menschlichkeit. Das müssen die Leitlinien sein unter denen in der Geburtshilfe gearbeitet wird.

Einen sicheren Schutz vor Gewalterfahrungen unter der Geburt gibt es leider nicht. Das Wissen über dieses Thema, die eigenen Rechte zu kennen und eine starke Bezugsperson mit in den Kreißsaal zu nehmen können das Risiko minimieren. Eine weitere Option könnte eine Beleghebamme sein mit der du schon während der Schwangerschaft Kontakt aufnimmst, deine Wünsche besprichst und die dich dann während der gesamten Entbindung begleitet.

Das wunderbare Erlebnis liegt nicht im Prozess des Gebärens, sondern bezieht sich auf den Moment in dem du dein Kind zum ersten Mal in den Armen hältst. Wenn ihr euch zum ersten Mal begegnet, Haut auf Haut, ganz nah. Dieser Moment ist eure Zeit des Fühlens, der Liebe und innigen Verbindung. Auf diesen Augenblick kannst du dich freuen und ihn herbeisehnen. In der folgenden Übung kannst du dich ganz auf dieses einzigartige Erlebnis einstimmen.

Übung: „Das tollste BlindDate aller Zeiten"

Zeit: ca. 10 Minuten

Das brauchst du: einen ruhigen Ort

Setz dich bequem in einen Sessel oder auf einen Stuhl. Rücke mit deinem Becken ganz nah an die Rückenlehne, so dass deine Wirbelsäule sicher gestützt wird. Leg deine Hände mit den Handflächen auf die Oberschenkel. Lass die Schultern sinken und deinen Atem fließen. Komm mit jedem Atemzug etwas mehr zu dir und lass alles Äußere los. Richte deine ganze Aufmerksamkeit auf das Ein- und Ausströmen deines Atems. Wenn dich Geräusche oder Gedanken ablenken, nimm sie wahr und kehre immer wieder zu deinem Atem zurück.

Stell dir nun den Moment vor in dem du dein Baby zum ersten Mal im Arm halten wirst. Wenn du seine zarte Haus spüren, die feinen Atembewegungen wahrnehmen kannst, das runzelige Gesichtchen siehst. Lass ein Gefühl von Dankbarkeit in dir aufsteigen. Spüre dich ganz in dieses Gefühl hinein und lass es immer tiefer werden, sich in deinem Körper und Geist ausbreiten. Bleib so lange in dieser konzentrierten Wahrnehmung, wie es dir gut tut.

Spüre der Übung noch einige Atemzüge nach und komm dann langsam wieder zurück. Nimm deine Handflächen auf den Oberschenkeln wahr und die Kontaktpunkte zwischen deinem Körper und dem Sessel.

Dann öffne sanft deine Augen und lass die Dankbarkeit weiter in dir wirken.

Zum Abschluss dieses Kapitels soll noch ein wichtiges Accessoire erwähnt werden, die Geburtstasche. Egal wo und wie du dein Kind entbinden möchtest ist es nett etwas Vertrautes bei dir zu haben mit dem du dich wohlfühlst. Praktisch ist eine Geburtstasche für die Entbindung sowie die ersten Stunden danach und eine Tasche für den weiteren Aufenthalt in einer Klinik. Lege dir alle Sachen bereit, aber packe sie erst kurz vor der Geburt tatsächlich in die Tasche. Wenn die Klamöttchen schon wochenlang in einem unbelüfteten Köfferchen liegen, sind sie im rechten Moment muffig. Keine Sorge, ein Kind kommt auch ohne vorbereitete Tasche auf die Welt. Allerdings ist es nett etwas Persönliches dabei zu haben und eurem kleinen Bündel Glück gleich die eigenen Kuschelklamöttchen anzuziehen.

Hier kommen zwei Listen mit Ideen für nützliche und hilfreiche Dinge für die Geburt und die Zeit danach.

Geburtstasche

Für die werdende Mama:

- ein weites, langes und bequemes Shirt oder Nachthemd
- gemütliche Strickjacke oder einen Bademantel
- dicke Socken
- Hausschuhe
- Haargummis
- Lippenbalsam
- Musik und Abspielgerät
- Bonbons
- ein Foto, Stofftier oder sonst etwas, das dir Kraft geben kann
- Massageöl
- Mutterpass
- Versichertenkarte
- falls du Brillenträgerin bist, solltest du während der Entbindung lieber eine Brille statt Kontaktlinsen tragen

Für den werdenden Papa:

- bequeme Kleidung ohne Knöpfe oder Reißverschlüsse, damit die Gebärende sich ohne Druckstellen anlehnen kann

- Müsliriegel oder sonstige Snacks

Für das Baby:

- zwei Paar warme Söckchen (eins für die kleinen Füße und ein Paar für die oft kalten Händchen)

- Mützchen

- ein LangarmWickelbody

- eine lange Hose

- ein Strickjäckchen, alles in Größe 56

- ein Moltontuch

Kliniktasche

Für die NeuMama:

- drei gemütliche Hosen und Oberteile in denen man sich gut angezogen fühlt, aber auch darin schlafen kann

- Unterhosen und (Still-)BHs (zwei Nummern größer)

- warme Socken, dünne Socken
- Pflegeprodukte wie Duschgel, Shampoo, Zahnbürste, Zahncreme, Gesichts- und Handcreme, eventuell MakeUp
- Fön und Haarbürste
- Waschlappen und Handtücher
- feuchtes Toilettenpapier
- Ladekabel fürs Handy
- Geld
- etwas Vertrautes von zu Hause wie dein Lieblingskissen oder eine Kuscheldecke
- Notizbuch und Stifte zum Gedankensortieren im WochenbettTagebuch

Binden und Stilleinlagen gibt es meist in der Klinik. Fragt am besten beim Informationsabend danach.

Einige Standesämter bieten in Krankenhäusern stundenweise die Möglichkeit euer Kind dort anzumelden. Dazu braucht ihr das Familienstammbuch.

Für euer kleines Wunder:

- drei bis vier LangarmWickelbodys
- drei bis vier Hosen oder Strampler
- ein bis zwei Jäckchen
- Söckchen
- Mützchen
- vier Moltontücher
- Kuscheltier oder Spieluhr

Windeln und Pflegeprodukte gibt es meist in der Klinik. Fragt am besten beim Informationsabend danach.

Für den Heimweg braucht ihr zu Fuß entweder ein Tragetuch beziehungsweise einen Kinderwagen oder eine Babyschale für den Nachhauseweg im Auto. Außerdem benötigt ihr für Frühlings- und Sommerkinder eine Jacke und leichte Mütze beziehungsweise warme Klamöttchen für das Herbst- und Winterbaby (Decke, warme Mütze, Schneeanzug und Handschuhe).

3. Born this Way

„Wer seinen eigenen Weg geht,
dem wachsen Flügel."
(Aus dem Zen-Buddhismus)

Während der Schwangerschaft war es völlig unvorstellbar ein Baby im Bauch zu haben. Nun ist das Zauberkind geboren und es ist nicht nachzuvollziehen, dass es vor kurzem noch in deinem Bauch war. Du siehst und spürst es jetzt ganz anders, bekommst dieses vollkommene kleine Wesen mit einem eigenen Charakter in all seinen Facetten mit. Es ist dein Kind und du bist seine Mutter. Euer gemeinsamer Weg geht jetzt weiter als zwei körperlich getrennte und doch unendlich miteinander verbundene Seelen. Während du voller Staunen dein Kind betrachtest oder völlig übermüdet das Fläschchen hältst kommen vielleicht Gedanken an die Geburt und damit verbundene Gefühle in dir auf. Manche davon können angenehm sein, andere wiederum bedrückend. Wenn du dir eine natürliche Geburt gewünscht hast und es dann doch zu einem Kaiserschnitt kam, fühlst du dich womöglich als Versagerin, die es nicht alleine geschafft hat ihr Kind auf die Welt zu bringen. Selbst wenn du dich im Vorfeld der Entbindung bewusst für einen Kaiserschnitt entschieden hast, kann im Nachhinein durch kritische Kommentare anderer Mütter, von Freunden oder Familie ebenfalls ein Mangelgefühl in dir entstehen.

Ganz egal auf welche Weise du dein Kind entbunden hast es war euer Weg. Du hast dein Kind geboren, ob vaginal oder per Bauch OP spielt dabei überhaupt keine Rolle. Beides sind kraftvolle, schmerzhafte Prozesse für die du dich weder erklären noch schämen musst. Deine weibliche Schöpferkraft hat ein neues Leben in die Welt gebracht und der Weg dahin war wie er war. Jede Mutter ist eine Heldin und sollte gefeiert werden. In dir ist eine unfassbare Stärke, die dich durch die Monate der Schwangerschaft gebracht hat. Du bist eine starke Frau, eine kraftvolle Mutter, die ihren Körper für ihr Kind zur Verfügung gestellt hat. Niemand hat das Recht über dich, dein Kind oder eure bisherige Geschichte zu urteilen. Im Gegenteil solltest du auf Händen getragen werden für das Wunder des Lebens.

In diesem Kapitel geht es nun darum die Geburt zu verarbeiten, dich als neugeborene Mama im Wochenbett von den Anstrengungen der letzten Monate zu erholen und dein Baby in seiner einzigartigen Fülle zu entdecken.

3.1 Welcome to this World

„Die ganze Natur ist eine Melodie, in der eine
tiefe Harmonie verborgen ist."
(Johann Wolfgang von Goethe)

Der erste Atemzug deines Babys nach seiner Geburt füllt die noch völlig leeren und zusammengefalteten kleinen Lungen zum allerersten Mal mit Atem. Es nimmt einen Teil der Welt in sich auf, macht sie sich zu eigen, um dann mit der Ausatmung etwas von sich in die Welt zu geben. Dein Kind kommt damit ein Stück weit auf der Erde an, in seinem und eurem Leben. In seiner ganzen Fülle ist es nun da, dieses unfassbare Wunder der Natur. Bisher hast du dein Kind von deiner Energie mitversorgt, hast es wohlbehütet in deinem Körper heranwachsen lassen und alles für sein Wohlergehen getan. Daher war es auch so wichtig, dass du während der Schwangerschaft immer wieder in deine Mitte gefunden und neue Energie geschöpft hast. Über deinen Atem hast du gleichzeitig zwei Menschen mit Prana, der Lebensenergie, versorgt, die uns alle durchströmt. Nun wurde dieses besondere Wesen von dir in einem gewaltigen Kraftakt auf die Welt entlassen. Eine körperliche Trennung, die dich alleine zurücklässt. Dein Bauch ist nun leer und fühlt sich ganz anders an als zuvor. In dir gehen unzählige Veränderungen vor, die für dich selbst kaum wahrnehmbar sind und in ihrer Menge kaum erfassbar. Von außen sind diese Vorgänge schon gar nicht erkennbar. Das alles braucht Zeit und Ruhe zum Sortieren, Annehmen und Heilen.

Mutterwerden bedeutet in eine Balance aus unendlicher Nähe und ständigem Loslassen zu finden, immer und immer wieder. Die Entbindung von deinem Kind war dabei einer der tiefgreifendsten Schritte. Nun geht es darum in eine neue Form der Verbindung miteinander zu treten. Bereits während der Schwangerschaft habt ihr beide damit begonnen diesen Kontakt zu knüpfen. Wenn dein Baby sich in dir bewegt hat, konntest du die Tritte und Rumpler durch deine Bauchdecke spüren und hast bestimmt so manches Mal deine Hand darauf gelegt. Nun gibt es keine trennende Körperbegrenzung mehr zwischen euch, ihr könnt Haut an Haut erfahren wie der jeweils andere sich anfühlt.

Zur Entdeckung eurer neuen Verbundenheit außerhalb deines Körpers kannst du die folgende Übung nutzen.

Übung: „Da bist du und hier bin ich"

Zeit: einige Atemzüge

Das brauchst du: einen ruhigen Ort

Setz dich mit deinem Baby im Arm oder in einem Tragetuch bequem auf die Couch. Wenn dein Kleines lieber herumgetragen wird, kannst du die Übung auf im Stehen durchführen. Richte dich dazu in Tadasana ein, so dass du sicher auf beiden Füßen stehst. Lass deinen Atem kommen und gehen. Wenn du sitzt und magst, schließe deine Augen.

Nimm die Kontaktpunkte zwischen deinem Körper und dem deines Kindes wahr. Bleib einige Atemzüge lang mit deiner ganzen Aufmerksamkeit bei euren gemeinsamen Verbindungsbereichen.

Lass nun diese Begegnungsflächen los und nimm für einige Momente deinen Körper in seinen Ausmaßen und Begrenzungen wahr.

Stell dir anschließend den Körper deines Kindes vor.

Dann finde zurück in die Kontaktpunkte zwischen euren beiden Körpern. Lass deinen Atem fließen und genieße die neue Art eurer Nähe und Verbundenheit.

Komm langsam zurück von deiner inneren Reise und öffne sanft deine Augen.

Während du dich im Verlauf der Schwangerschaft in Selbstlosigkeit üben musstest, indem du deinen Körper für einen anderen Menschen zur Verfügung gestellt hast, verlangte die Entbindung eine völlige Hingabe von dir. Dich auf einen Prozess einzulassen, der dir im Vorfeld vielleicht Angst gemacht und unzählige Fragen aufgeworfen hat, erforderte großen Mut und Tapferkeit. Du darfst stolz auf dich sein. In dir ist ein neues Leben herangereift, ein unglaublich schöpferischer Akt, der dir viel abverlangt hat. Vielleicht war der Weg der Geburt dann leider nicht der, den du euch beiden gewünscht hast. Im Vorfeld einer Entbindung hast du dich wahrscheinlich über die verschiedenen Möglichkeiten dazu informiert und daraus eine Entscheidung für dich getroffen.

Viele Frauen entscheiden sich für eine vaginale Geburt, die auch als natürliche Entbindung bezeichnet wird. Es ist der Weg, den die Natur für das Kind vorgesehen hat, da es keinen anderen Ausgang aus dem Bauch der Mutter gibt. Eine natürliche Geburt wird von einigen Müttern als erfüllendes Erlebnis beschrieben bei dem sie ihre unbändige Kraft erfahren konnten. Wenn eine Frau sich bewusst für diesen Weg der Entbindung entschieden hat, ist es für sie oft enorm enttäuschend, wenn es dann doch zu einem Not-Kaiserschnitt kommt.

Das Gefühl es nicht selbst geschafft zu haben wird als Versagen wahrgenommen, von der Frau selbst, aber leider auch von anderen Menschen. Abgetan als Geburt zweiter Klasse, die vermeintlich weniger anstrengend war, fühlen sich einige NeuMamas nach einem Kaiserschnitt unqualifiziert für ihre Mutterrolle. Sie zweifeln an ihrer Kompetenz, ihrem Potenzial, ja an sich als ganzer Person.

Fragen tauchen auf: Warum konnte ich mein Kind nicht alleine auf die Welt bringen? Was stimmt nicht mit mir? Wieso schaffen andere das und ich nicht? Es entstehen negative Glaubenssätze über sich selbst: Ich bin eine Versagerin und werde nie eine gute Mutter sein. Andere Mütter sind viel stärker und besser als ich. Hier ist es wichtig, zwischen deiner eigenen Wahrnehmung und den Meinungen anderer Menschen zu unterscheiden. Wenn du dir eine vaginale Entbindung gewünscht hast, darfst du enttäuscht darüber sein, dass euch dieser Weg nicht möglich war. Jedoch gibt es keinen Grund an dir zu zweifeln. Eine Geburt ist eine Geburt. Keine ist bedeutungs- oder wertvoller als die andere. Was zählt ist das Ergebnis, dass es dir und deinem Kind gut geht. Selbst Frauen, die sich vor der Geburt ganz bewusst für einen Kaiserschnitt entschieden haben hadern im Nachhinein manchmal mit sich selbst.

Sie fragen sich, ob eine vaginale Geburt doch eine Form der Entbindung für sie gewesen wäre, ob sie etwas verpasst oder es sich zu leicht gemacht haben.

Genauso wie eine vaginale Geburt braucht jedoch auch ein Kaiserschnitt ziemlich viel Mut. Niemand lässt sich gerne den Bauch aufschneiden. Lasst euch also von niemandem einreden, dass ihr schwach oder feige seid. Eine solche Härte hat nichts bei einer frisch gebackenen Mama zu suchen. Dieser furchtbare Leistungsgedanke als Götze unserer ohnehin schon erschöpften Gesellschaft macht leider auch vor Müttern keinen Halt. Auf ihnen lastet eine Fülle an Erwartungen, die in ihrer Summe unerfüllbar sind. Deshalb dürft und müsst ihr für euch selbst entscheiden welche Richtung ihr mit eurem Kind einschlagt und Frieden schließen mit dem was ihr euch anders gewünscht habt. Es gibt nämlich keinen Pokal, keine Tapferkeitsmedaille oder sonst einen Preis zu gewinnen, der die tollste Geburt des Jahres auszeichnet. Nicht die Mutter, die am dollsten gepresst hat wird anschließend die sicherste Bindung zu ihrem Kind haben und besonders fürsorglich an seiner Seite sein. Eine Mutter, die gut für beide sorgt, für sich und ihr Kind, die ihre Bedürfnisse wahrnimmt, auf sie eingeht und ihre Werte lebt, bringt eine enorme Zuverlässigkeit in ihr Leben.

Du musst dich nämlich nicht völlig verausgaben, damit etwas gut und richtig ist. Die beste Mutter für dein Kind bist du. Auf welche Art du entbunden hast spielt dabei überhaupt keine Rolle.

Mach dir bewusst, dass die Möglichkeit zu einem Kaiserschnitt ein Segen für jede werdende Mutter ist. Noch zu Beginn des vergangenen Jahrhunderts war die Müttersterblichkeit durch geringere hygienische Standards und weniger ausgereifte medizinische Techniken deutlich höher als heute. Wir dürfen also dankbar für die Errungenschaft der modernen Medizin sein und auch die damit verbundene Freiheit des ganz persönlichen Geburtsweges wählen zu können. Ein besonderer Schritt für die Selbstbestimmtheit von Frauen und damit ein wertvoller Beitrag zur Emanzipation. Wir müssen heute in der westlichen Gesellschaft eben nicht mehr um unser Leben fürchten, wenn wir uns für die Erweiterung unserer Familie entscheiden, sondern dürfen uns mit aufrechter Haltung für die Vorhersehbarkeit eines Kaiserschnittes entscheiden, wenn das der Weg ist mit dem wir uns wohlfühlen.

In der nächsten Übung betrachtest du alle aufkommenden Gedanken und Gefühle, lässt sie da sein und anschließend los.

Übung: „Innere Akzeptanz"

Zeit: 7 Minuten

Das brauchst du: einen ruhigen Ort

Setz dich mit deinem Baby im Arm oder in einem Tragetuch bequem auf die Couch. Wenn dein Kleines lieber herumgetragen wird, kannst du die Übung auf im Stehen durchführen. Richte dich dazu in Tadasana ein, so dass du sicher auf beiden Füßen stehst. Wenn du sitzt und magst, schließe deine Augen.

Lass deinen Atem kommen und gehen ohne ihn zu beeinflussen oder verändern zu wollen. Wenn dich etwas im Außen von deiner Atmung ablenkt, nimm es wahr und komm mit ganzer Klarheit zurück zum Fluss deines Atems. Es mag gerade herausfordernd sein, wenn dein Baby sich bewegt oder einen Laut von sich gibt. Als Mama springt dabei sofort der Impuls nach einer Reaktion an, dass du etwas tun oder verändern musst, weil dein Kleines etwas brauchen könnte. Nimm in so einem Augenblick die Qualität der Bewegung oder des Lautes deines Kindes wahr. Ist es ein Signal, dass etwas nicht stimmt und geändert werden muss oder war es ein Ausdruck der nichts einfordert?

Wenn es für dich nichts zu tun gibt, dann lass den Eindruck wieder los und folge deiner Ein- und Ausatmung mit ganzer Aufmerksamkeit.

Öffne dich nun für alles was in diesem Moment in dir vorgeht. Alle aufkommenden Gedanken und Gefühle dürfen da sein. Lass zu, was sowieso in dir arbeitet. Wenn ein Eindruck in dir auftaucht oder ein Satz deines Inneren Kritikers, dann schau ihn dir kurz an ohne dich in die Geschichte dahinter zu verstricken und kehre mit ganzer Aufmerksamkeit wieder zu deinem Atemrhythmus zurück. Bleib sanft mit dir, auch wenn der Eindruck den du gerade losgelassen hast wiederkommt. Er hatte noch nicht den Raum, den er brauchte, um wirklich gehen zu können. Betrachte ihn noch einmal für einen Augenblick und kehre liebevoll, mit tiefer Achtsamkeit zu deinem Atem zurück.

Wiederhole dies so lange du magst und dein Baby es zulässt.

Dann komm langsam zurück von deiner inneren Reise und öffne sanft deine Augen.

Während einer Entbindung werden ursprüngliche Kräfte sichtbar, treten die weibliche Natürlichkeit und Strahlkraft zu Tage. Die eindrucksvolle Schöpferkraft von Frauen hat einen neuen Menschen entstehen lassen, der nun das Licht der Welt erblicken durfte. Eine Geburt fördert all das in dir zu Tage was gesellschaftlich von Frauen nicht erwünscht ist, laut sein, Raum einnehmen, Aufmerksamkeit einfordern, präsent sein, im Mittelpunkt stehen, über die Maßen kraftvoll, stark und eigenständig sein. Werdende Mütter und Väter können von der Intensität dieser Erfahrung gleichermaßen überrumpelt sein. Sowohl im Verlauf einer vaginalen Geburt, als auch während eines Kaiserschnittes, kann die plötzliche Stärke ihrer Frau auf Männer fast einschüchternd wirken. Zudem nehmen sie in beiden Fällen eine eher passive Rolle ein in der ihr Dasein wichtig ist, sie jedoch nicht aktiv etwas ändern können. Sie erleben eine bislang ungekannte Hilflosigkeit beim Anblick ihrer kämpfenden Frau. Dabei können sie eine ganze Menge tun, wenn sie sich auf eine begleitende, fürsorgliche Rolle einlassen. Jede Frau spürt intuitiv was sie während einer Geburt gerade braucht und kann das auch deutlich kommunizieren. Durch ihre Körpersprache oder auch andere Signale, die vor der Entbindung mit ihrem Partner vereinbart wurden, wird sie zeigen, ob für sie gerade körperliche Nähe wichtig ist oder sie ganz bei sich sein möchte. Auch wenn es in manchen Momenten für die begleitenden Männer scheinbar nichts zu tun gibt, könnt ihr da sein, mit eurer ganzen Präsenz signalisieren, dass ihr bereit seid für alles was eurer Frau gerade gut tut und ihr Erleichterung verschafft. Auch wenn ihr in eurem beruflichen Alltag daran gewöhnt seid den Ton anzugeben, ist es zumindest während der Geburt eures Kindes eure Frau, die sagt wo es lang geht. Sie braucht euch als verlässlichen Menschen, der ihr durch diesen kraftvollen Prozess folgt und ihre Anweisungen ausführt. Ihre Energie und Souveränität mögen dabei auf euch fremd und einschüchternd wirken, euch in eurer bisher gelebten Position verunsichern, doch darin steckt auch nach der Entbindung für euch als Paar eine Chance zur individuellen und gemeinsamen Neuausrichtung eurer Beziehung. Seht die Entbindung als gemeinsames Erlebnis mit unterschiedlichen Möglichkeiten der Teilhabe. Körperlich trägt die werdende Mama die Hauptlast, was nicht zu ändern ist. Doch emotional könnt ihr euch beide auf die Unvorhersehbarkeit und Intensität einer Geburt einlassen. Jeder für sich darf seine Gefühle haben und gleichzeitig die des anderen akzeptieren, wertfrei und gleichberechtigt. Sprecht über euer jeweiliges Erleben der Entbindung und seid für einander da mit allem was euch bewegt.

Vielleicht gab es unter der Geburt eures Kindes verstörende Erlebnisse mit der Hebamme oder anderem medizinischen Personal. Gewalt im Kreißsaal ist leider keine Seltenheit, wie du schon im Kapitel „Dein Weg in die Welt" lesen konntest. Es ist eine demütigende Erfahrung für die betroffenen Frauen und ein unverzeihlicher Übergriff durch die betreuenden Fachkräfte. Oft entstehen körperliche und psychische Gewalt durch die Überforderung der Täter. Sie geben den Druck, der ihnen gemacht wird, an von ihnen abhängige Personen oder Menschen in einer machtlosen Position weiter. Während einer Geburt befindet sich die werdende Mutter in einem völligen Abhängigkeitsverhältnis zu den Menschen, die sie eigentlich sicher begleiten sollen. Ein absolut perfider Zeitpunkt für die Ausübung von Macht.

Mancher Übergriff, der dir widerfahren ist, kommt dir vielleicht erst eine Weile nach der Geburt ins Bewusstsein, weil du während des Prozesses völlig darauf konzentriert warst dein Kind sicher auf die Welt zu bringen. Andere Verletzungen finden zudem eher beiläufig statt. Verbale Gewalt kann zum Beispiel sehr unterschwellig sein und auch noch nach der Entbindung stattfinden. Wenn es etwa darum geht dein Kind zu stillen, es nicht gleich gelingen mag und dir jemand vom Klinikpersonal die Schuld dafür gibt. Derartiges Verhalten ist deutlich mehr als eine Unverschämtheit, es ist ein brutaler Übergriff in einem Moment der absoluten Zartheit. Natürlich bist du erschütterst, verletzt und verunsichert. An einem lebensverändernden Punkt in deinem Leben wurde deine Würde missachtet, deine weit offene Seele missbraucht, dein in einer Ausnahmesituation befindlicher Körper geschändet. Was dir widerfahren ist, ist unverzeihlich und kann nicht wieder gut gemacht werden.

Dennoch ist es unumgänglich mit all dem Frieden zu schließen, um innerlich heilen zu können und unbelastet davon euer Leben zu genießen. Ein erster Weg dazu ist für dich selbst anzuerkennen, dass das was dir angetan wurde nicht richtig war und zu keiner Form der Entbindung dazugehört. Viele Frauen versuchen das Erlebte zu verdrängen, weil eine Geburt doch ein freudiges Ereignis ist oder sie glauben die einzige Mutter zu sein, der im Kreißsaal unglaublich grausame Dinge angetan wurden. Zu wissen, dass du nicht alleine bist und so vielen anderen Frauen ebenfalls schlimme Dinge unter der Geburt angetan wurden, kann der erste Schritt zur Verarbeitung sein. Sprich mit deinen engsten Menschen über die Ereignisse, deinen Schmerz und die Scham. Such dir eine sichere Begleitung durch eine psychologische Beratungsstelle oder einer TraumaHebamme. Konfrontiere die Täter mit dem Geschehenen in einem Brief, einer eMail oder auch in einem persönlichen Gespräch, wenn du dich dazu bereit fühlst und das dein Weg zur Verarbeitung sein kann. Erwarte jedoch weder Einsicht noch Veränderung. Dein Weg zur Heilung des erlebten Traumas bedarf keiner Anerkennung der Fehler durch die Beteiligten, er braucht zugewandte Begleitung durch Familie, Freunde, Therapeuten und ganz besonders durch dich selbst.

Lass den inneren Groll auf deine Peiniger, die körperlichen und seelischen Verletzungen, die sie dir zugefügt haben, nach und nach los. Schließe Frieden mit dem was war. Nicht für die Täter, sondern für dich.

„Wut festzuhalten ist, als ob man nach einem Stück heißer Kohle greift, um es nach jemandem zu werfen – man verbrennt sich dabei nur selbst." (Buddha)

Mit der folgenden Übung zeige ich dir eine Möglichkeit mit dem was dir angetan wurde Frieden zu schließen, um deinetwillen.

Übung: „Frieden schließen"

Zeit: ca. 10 Minuten

Das brauchst du: einen ruhigen Ort

Richte dich in einer bequemen und gleichzeitig aufrechten Haltung auf einem Sessel oder Stuhl ein. Leg deine Handflächen auf die Oberschenkel und schließ deine Augen. Lass deinen Atem kommen und gehen. Gib deine ganze Achtsamkeit in den Prozess der Ein- und Ausatmung.

Spüre nun in dich hinein, folge deiner Aufmerksamkeit wohin sie dich auch in deinem Körper führt. Wenn du einer Stelle begegnest an der du Schmerz oder Unwohlsein wahrnimmst, verweile für einen Moment dort. Schicke mit jeder Einatmung Frieden und Liebe in diese Körperstelle. Mit jeder Ausatmung lässt du die dort gespeicherte Verletzung los. Dazu brauchst du deinen Atem nicht zu verlängern oder vertiefen. Ganz von alleine bringt er mit jedem Atemzug heilendes Licht dorthin wo es gebraucht wird und führt alles aus dir heraus was dir nicht gut tut.

Wenn du ein Gefühl von Linderung an der Stelle spürst, beende die Übung und spüre noch einen Augenblick nach. Nimm wahr wie sie sich nun anfühlt ohne es zu bewerten.

Du kannst deiner Aufmerksamkeit dann erneut durch den Körper folgen und die Übung an einer anderen Stelle wiederholen oder sie ganz beenden. Verletzungen loszulassen, Körper und Seele zu heilen braucht Kraft und kann erschöpfend sein. Verlange nicht zu viel auf einmal, sondern wiederhole die Übung lieber zu einem anderen Zeitpunkt. Sei geduldig und liebevoll mit dir, das brauchst du gerade ganz besonders.

Dann komm langsam zurück von deiner inneren Reise und öffne sanft deine Augen.

Mit der Entbindung kommt eine Fülle von Gefühlen in einer NeuMama auf, die erkannt, angenommen und an ihren Platz gebracht werden wollen. Du hast Erfahrungen gemacht, die einzigartig sind, wie jede Schwangerschaft, jede Geburt. Es gibt nicht den einen Weg zu entbinden, nicht die eine Art mit Veränderungen umzugehen und nicht das eine Erleben von Besonderheit. Mit jedem Kind wird eine neue Mutter geboren, die ihre Erfahrungen machen muss, ihr Kind entdecken und in ihre Fülle finden darf. Gerade zu Beginn des Mutterseins wirbeln alle Eindrücke und Emotionen wild in Kopf, Herz und Bauch. Zu viel für einen einzigen Menschen. Viel zu viel für eine Mutter, die ihre ganze Aufmerksamkeit ihrem Kind schenkt.

Kommen dann noch Erwartungen von nahestehenden Menschen oder auch gesellschaftliche Anforderungen an das Muttersein hinzu, scheint das persönliche Wohlergehen in unerreichbare Ferne zu rücken. An dieser Stelle sei dir versichert alles was du empfindest darf da sein. Du musst dich für nichts rechtfertigen und schon gar nicht versuchen möglichst bald in deiner neuen Rolle zu funktionieren. Es ist in Ordnung unsicher zu sein, zwischen Hochgefühl und Panik zu schwanken, dich mit deinem Kind ganz vertraut und dann wieder völlig fremd zu fühlen. Je mehr du diese scheinbaren Widersprüche mit Wohlwollen und Sanftheit betrachtest, ihnen Raum gibst da zu sein umso leichter werden sie sich einpendeln und sortieren.

In unserem extrem technisierten Alltag wirkt die Ursprünglichkeit der Prozesse, die in deinem Körper abgelaufen sind fremd und fast schon nostalgisch, als gehörten sie in eine andere Zeit. Heute zählen Leistung und Geschwindigkeit statt Entwicklung und die dafür nötige Ruhe. Mit der Verschmelzung von Ei- und Samenzelle als Beginn der Schwangerschaft wurde jedoch ein uraltes Programm gestartet dessen Abläufe genau vorgegeben sind. Sie lassen sich nicht beschleunigen oder abkürzen, sondern folgen ihrem ganz eigenen Rhythmus. Im Verlauf der Schwangerschaft musstest du dich auf diese Schritte einlassen, darauf vertrauen, dass das was geschehen soll aus sich selbst heraus entsteht. Mit deiner Lebensweise konntest du einen gesunden Rahmen dafür schaffen jedoch keinen Einfluss auf Geschwindigkeit oder Art der Entwicklung nehmen. Basierend auf diesem Lernprozess kannst du dich nun vertrauensvoll auf die Postnatalen Abläufe in deinem Körper einlassen. Vertraue deiner Intuition, deinem mütterlichen Gefühl für das was dein Baby braucht, ihm gut tut und euch beide stärkt. Du brauchst keine unzähligen Ratgeber zu lesen oder dir Kenntnisse anzueignen, es ist alles bereits in dir. Lass dich leiten von deiner Liebe zu diesem zarten Wesen, sie wird dich sicher durch alle Unwägbarkeiten geleiten. Alle Fragen, die in dir aufkommen darfst du in deinem Sinne und zum Wohl deines Kindes beantworten. Binde dich nicht an vermeintliche Normen und Erwartungen deiner Umgebung. Wenn du dich zum Beispiel dazu entschieden hast dein Baby zu stillen, richte dich nach dem Hungergefühl deines Kindes und stille es auch an einem für euch angenehmen Ort in der Öffentlichkeit. Wenn du dein Kind mit der Flasche ernährst, bist du eine genauso gute Mutter und musst niemandem für deine Entscheidung Rede und Antwort stehen. Die Meinung anderer Menschen über euren Weg ist völlig belanglos und verunsichert nur, wenn du selbst damit haderst. Du entscheidest wem du Macht über deine Gefühle gibst.

Konzentriere dich auf die unglaubliche Fülle, die dein Baby in sich trägt. Wenn du dich auf seine angeborene Weisheit einlässt, wirst du viel von ihm lernen oder in dir wiederentdecken können. Dazu gehört deine natürliche Freiheit, die eine ganze Weile verdeckt war hinter all dem Funktionieren in deinem früheren Leben, bevor dieser kleine Mensch dir wieder die Augen geöffnet hat für die Essenz des Lebens. Dich selbst in deinem Baby wiederzuentdecken bedeutet jedoch keinesfalls deine Träume und Wünsche auf dein Kind zu projizieren und ihm Erwartungen zuzumuten, damit es dir gut geht. Ein Kind zu haben bedeutet ein hohes Maß an

Selbstlosigkeit, eine ganze Menge zu geben und dennoch in ein unzufriedenes Gesichtchen zu blicken oder sogar angeschrien zu werden. Dich in deinem Kind zu erkennen heißt lange verlorene Sanftheit zuzulassen, dich in einem unfassbaren Ausmaß in Geduld zu üben, deine Komfortzone ins Unendliche zu erweitern. Gleichzeitig führt ein Kind uns zu unserem Ursprung zurück und verbindet uns in einer Tiefe mit uns selbst, die wir lange Zeit nicht mehr gefühlt haben.

Betrachte einmal die Atmung eines Neugeborenen, es atmet mit seinem gesamten Körper. Jeder Atemzug bewegt das ganze Kind und die Lebensenergie des Atems strömt in jede einzelne Zelle. Babys können uns damit Vorbild sein und inspirieren in unsere eigene Fülle zurückzufinden. Deine Lunge ist ein dreidimensionales Organ dessen volle Kapazität viele von uns leider nicht mehr nutzen. Unsere Babys nehmen durch ihre natürliche und freie Vollatmung wertvolles Prana in sich auf. Mit unterschiedlichen Pranayamaübungen kannst auch du wieder in diese nährende Atemfülle zurückfinden. Entdecke wie viel Raum in dir ist in dem dein Atem sich ausbreiten und dich mit frischer Energie erfüllen kann.

Übung: „Der Raum in dir"

Zeit: 10 Minuten

Das brauchst du: einen ruhigen Ort

Richte dich in einer bequemen und gleichzeitig aufrechten Haltung auf einem Sessel oder Stuhl ein. Leg deine Handflächen auf die Oberschenkel und schließ deine Augen. Lass deinen Atem kommen und gehen. Gib deine ganze Achtsamkeit in den natürlichen Fluss deiner Ein- und Ausatmung.

Leg nun deine Handflächen auf deine Brust, so dass die Fingerspitzen deine Schlüsselbeine berühren. Spüre in die Kontaktpunkte zwischen deinen Handflächen und dem Brustbereich und nimm wahr, wie dein Atem an diesen Stellen deinen Körper bewegt. Bleib eine Weile mit deiner ganzen Aufmerksamkeit hier.

Leg anschließend deine Handflächen um die Rippenbögen, so dass vier Finger nach vorne zeigen und der Daumen nach hinten zeigt. Spüre in deine Handflächen, wie sich deine Rippen bei jeder Einatmung voneinander entfernen und mit der Ausatmung wieder aufeinander zu bewegen. Bleib für einige Atemzüge in Achtsamkeit hier.

Leg nun deine Handflächen auf den Unterbauch. Deine Zeigefinger- und Daumenspitzen berühren sich und formen um deinen Nabel herum eine Raute. Nimm wahr wie sich die Bauchdecke mit jeder Einatmung nach außen und in deine Hände wölbt und bei jeder Ausatmung sanft zurückfedert. Sei ganz in der Wahrnehmung dieser Bewegungen.

Leg dann deine Handflächen auf deinen mittleren Rücken, die Finger zeigen nach unten, deine Ellenbogen sind nach hinten gestreckt und die Schulterblätter nach unten gezogen. Atme nun sehr bewusst in deinen Rücken und spüre den Kontakt mit deinen Handflächen. Wiederhole noch einige Male bewusst diese neue Tiefe der Atmung. Lass deinen Atem dabei fließen ohne Kraft auszuüben, um deutlicher gegen deine Handflächen zu atmen. Pranayamaübungen brauchen ein sanftes Maß und etwas Vorsicht.

Leg zum Abschluss deine Handflächen auf die Oberschenkel und spüre der Übung nach.

Dann komm langsam zurück von deiner inneren Reise und öffne sanft deine Augen.

3.2 Rest for the Best

„Nur ein ruhendes Gewässer wird wieder klar."
(Aus Tibet)

Nachdem du dein Kind sicher auf die Welt gebracht hast folgt nun eine ganz besondere Zeit der Ruhe und Erholung, das Wochenbett. In den kommenden acht Wochen wirst du auf ganz verschiedenen Ebenen in deinem neuen Leben ankommen. Dein Körper verabschiedet sich vom Schwangersein, indem sich zum Beispiel die Gebärmutter zurückbildet, und beginnt mit der Versorgung deines Babys durch Muttermilch, wenn du das möchtest. Emotional wächst du in dein neues Leben mit einem kleinen Menschen hinein, der dich dringend braucht, völlig von dir abhängig ist und dich bisweilen sehr beanspruchen kann. Als neugeborene Mutter brauchst du vor allem ein Nest für dich und dein Kind in dem ganz viel Platz zum Kennenlernen, Kuscheln und Ausruhen ist. Einen Raum zur Begegnung zwischen dir und diesem kleinen Menschen, der bereits eine komplette Persönlichkeit ist, der Vorlieben hat, seine niedlichen und überraschenden Schrullen mitbringt.

Auch wenn dein Kind noch nicht die verbale Sprache hat, dir mitzuteilen was es braucht wirst du es verstehen. Wenn du dir die Zeit nimmst ihm zuzuhören und deinem mütterlichen Gespür folgst, wirst du seine Bedürfnisse wahrnehmen und intuitiv richtig handeln. Gönn dir und deinem Herzenskind diese ruhige Zeit. Nimm dir davon so viel wie du zum körperlichen Heilen und für das seelische Wachstum in dein Mamasein brauchst. Man spricht von etwa acht Wochen die es auf jeden Fall dauert, um ansatzweise in das neue Leben zu finden.

In der ersten Zeit geht es natürlich darum den Rhythmus des kleinen Menschen kennenzulernen, seine Bedürfnisse aus Mimik, Gestik und seinen Geräuschen zu lesen. Es geht darum, dass du dich körperlich erholst und sich deine Hormone sortieren. Ganz besonders wichtig ist das Hineinfühlen und erste Ankommen in deinem Leben als Mama, in eurem Leben als Familie. Das braucht einfach Zeit. Deshalb solltest du dir keinen Druck machen nach zehn Tagen wieder topfit alles wie vor der Geburt händeln zu wollen.

Ein Kind verändert einfach alles. Das ist weit mehr als eine Floskel, die man von erfahrenen Eltern hört. Ihr werdet einen neuen Tagesrhythmus miteinander finden, den weitestgehend dein Kind vorgibt. Mal schnell etwas erledigen gibt es nun nicht mehr. Mit einem kleinen Menschen an deiner Seite dauern die Dinge so lange sie eben dauern. Beschleunigung ist hier nicht möglich und auch nicht angebracht. Nimm dir also für die erste Zeit nach der Geburt keine großen Aktionen vor, sondern entscheide Tag für Tag was ihr heute Schönes miteinander erleben wollt. Besinne dich dabei auf wirklich wohltuende Erlebnisse. Wenn du dich körperlich danach fühlst, kann ein kleiner Spaziergang durch euer Viertel ganz schön sein. Kuschelige Momente auf dem Balkon oder der Terrasse geben euch beiden eine angenehme Ruhe. Entdecke die Wohltat der Langsamkeit für dich und dein Kind in einem harmonischen Gleichgewicht aus sanfter Bewegung an der frischen Luft und friedlichen Momenten zu Hause.

Überleg dir in Ruhe wen du während dieser außergewöhnlichen Zeit der Zartheit in deiner Nähe haben möchtest. Bestimmt gibt es einige Menschen in deinem Umfeld, die dein Baby kennenlernen und euch persönlich zur Geburt gratulieren möchten. Manche Familienmitglieder empfinden vielleicht sogar ein Recht darauf das Kleine baldmöglichst zu besuchen. Das ist verständlich, denn ein neugeborenes Kind strahlt einen Zauber aus, der ansteckend wirkt. Einem Baby zu begegnen ist einfach etwas ganz Besonderes, Erdendes und ermöglicht die Wiederverbindung mit der eigenen Sanftheit. Wer würde sich nicht gerne vom Leuchten dieses erfüllten kleinen Menschen inspirieren lassen. Es ist jedoch nicht deine oder eure Aufgabe auf Kosten eurer eigenen Kräfte anderen Menschen diesen besonderen Moment zu ermöglichen. Niemand hat einen Anspruch auf euer Baby, es kam ohne Funktion auf diese Welt und muss keinen Zweck erfüllen. Sein Dasein hat aus sich selbst heraus eine Berechtigung. Vielmehr ist es ein Privileg, wenn Menschen für einige Augenblicke an eurem Wunder teilhaben dürfen.

Wähle also ganz bewusst nur jene Freunde oder Familienmitglieder aus mit denen du dich gerne umgibst und auf deren Besuch du dich freust. Frag dich hierzu, welchen Menschen du ungeduscht, müde und milchbekleckert begegnen kannst und dich trotzdem ungezwungen, wohl und geschätzt fühlst. Welche Person in deinem Umfeld würde ohne zu urteilen über ungesaugte Böden und liegengebliebene Klamöttchen steigen, an dem nicht-gespültem Geschirr und einem chaotischem Wohnzimmertisch vorbeigehen, um dich zu besuchen? Oder noch besser für eure Gelassenheit im Durcheinander von Gefühlen: Welcher dir vertraute Mensch würde dieses Chaos beseitigen, damit du dich ausruhen und erholen kannst? Solche Menschen sind die Königsklasse von WochenbettBesuch, deren Hilfsbereitschaft du dankbar annehmen und genießen darfst. Sie haben verstanden, was du gerade brauchst, wie sie dich und euch am besten im Mutter- beziehungsweise beim Elternwerden begleiten können. Indem sie dir und deinem Partner einige der alltäglichen Aufgaben abnehmen habt ihr den übermüdeten Kopf frei für euer Kind.

Lass dich also von niemandem zu einem Besuch drängen. Es ist deine Zeit in der du ganz besonders gut für dich sorgen sollst und darfst. Für dich und für dein Kind. Wenn du Besuch von dir lieben Menschen bekommen möchtest, dann lade sie zu dir ein. Vielleicht hast du dir schon vor der Geburt einige Notizen gemacht wie du dir deine Wochenbettzeit vorstellst. Schau sie dir nochmal an und überlege, ob deine Vorstellungen von damals jetzt noch zutreffen. Falls nicht, dann schreib dir auf was du dir im Moment ganz konkret wünschst und kommuniziere das auch nach außen. Wenn du dich gerade nicht danach fühlst selbst ein Gespräch mit der Person zu führen, die du gerade nicht in deinem nahen Umfeld möchtest, kann das vielleicht dein Partner übernehmen. Sprich mit ihm über deine Sorgen und Bedürfnisse. Vielleicht empfindet er es genauso und möchte gerade auch keinen Besuch von Tante X oder Cousin Y. Dann ist es eine tolle Gelegenheit für ihn, für seine neue KernFamilie nach außen hin Grenzen aufzuzeigen.

Erlaube dir zudem die Freiheit angebotene Hilfe abzulehnen, wenn ihr im Moment keinen Bedarf an weiterer Unterstützung habt oder du dich damit nicht wohlfühlst. Dabei ist es unwichtig, ob du genau diesen Vorschlag gerade nicht brauchst oder du ihn von der anbietenden Person nicht annehmen möchtest. Eine Hilfe soll entlastend sein und kein unangenehmes Gefühl hinterlassen. Für eine Sache ist in eurem Nest nämlich überhaupt kein Platz, jegliche Form von Stress oder Ärger. Du, dein Partner und euer Baby braucht alle Ruhe dieser Welt, um euch ganz Schritt für Schritt kennenzulernen, sanft miteinander zu sein, wenn alles neu und ungewohnt ist. Nehmt euch diesen Raum und genießt die kostbaren Momente in eurem Rhythmus.

In der folgenden Übung findest du nun eine Anregung zur Wahrnehmung deiner momentanen Bedürfnisse.

Übung:
„Kontaktaufnahme mit deinen Bedürfnissen"

Zeit: so lange es dein Baby gerade zulässt

Das brauchst du: euer Nest

Setz dich in deinem Bett oder auf der Couch möglichst aufrecht und gleichzeitig bequem hin. Dein Baby kann während der Übung friedlich auf deiner Brust oder in deinen Armen liegen. Schließ deine Augen und lass deinen Atem sanft fließen. In seinem eigenen Rhythmus darf er kommen und gehen, so wie er gerade ist. Beobachte für einige Augenblicke den Fluss deines Atems wie er ohne dein Zutun ein- und ausströmt.

Spüre nun tief in dich hinein und nimm wahr welches Bedürfnis gerade für dich besonders wichtig ist. Welches Gefühl taucht auf das beachtet werden möchte? Gibt es etwas nach dem du dich im Moment besonders sehnst? Lass alles zu was gerade auftaucht ohne es zu bewerten oder verändern zu wollen. Es darf da sein. Betrachte jedes aufkommende Gefühl und jeden Gedanken, um dann wieder loszulassen. Der Eindruck darf da sein und dann lässt du ihn auf einer Wolke vorüberziehen.

Kehre nun mit deiner Aufmerksamkeit zurück zu deinem Atemrhythmus. Bleib noch einige Momente bei ihm und kehre dann langsam von deiner inneren Reise zurück. Nimm die Kontaktpunkte zwischen deinem Körper und der Sitzfläche wahr. Spüre in die Kontaktpunkte zwischen dir und deinem Kind. Dann öffne sanft deine Augen.

Vielleicht gab es während der Übung ein Bedürfnis, das dir immer wieder ins Bewusstsein kam. Schreib es nach der Übung auf und überleg, wie du damit weiter umgehen möchtest. Gibt es etwas oder jemanden mit dem du dieses Bedürfnis verbindest? Wie kann es beachtet oder sogar erfüllt werden?

Ein anderer ganz natürlicher Prozess den Körper und Seele im Wochenbett durchlaufen ist die Umstellung der Hormone. Nach den ersten Stunden oder Tagen der Glückseligkeit kann es passieren, dass du in einem Wechselbad der Gefühle schwimmst. Durch die Geburt verändert sich dein Hormonhaushalt ganz plötzlich, da dein Körper innerhalb kürzester Zeit von „schwanger" auf „nicht-schwanger" umstellt. Die bisher für den gesunden Ablauf der Schwangerschaft notwendigen Hormone werden von jetzt auf gleich nicht mehr produziert. In seinem üblichen hormonellen Gleichgewicht ist dein Körper trotzdem nicht sofort. Eine ziemlich rapide Veränderung, die sich auch körperlich und seelisch bemerkbar macht. Ähnlich wie du in der Frühschwangerschaft durch den rapiden Anstieg der Schwangerschaftshormone viele Umstellungen in dir wahrgenommen hast, kannst du nun den Rückbau deines Hormonhaushaltes beobachten. Bis sich dein Hormonspiegel wieder auf seinen Normalzustand eingependelt hat kann es eine Weile dauern. In dieser Phase, die sich besonders während deiner Zeit im Wochenbett bemerkbar macht, fühlst du dich vielleicht wie auf einer Gefühlsachterbahn und schwankst zwischen unfassbarem Glück und völliger Niedergeschlagenheit. Während alle um dich herum sich über dein Baby freuen ist dir manchmal einfach zum Heulen und es erscheint alles zu viel. Etwa

50 - 80 % aller NeuMamas sind von diesem so genannten BabyBlues betroffen. Ganz normal also und dennoch ziemlich merkwürdig sich selbst derart wackelig zu fühlen. Nach einigen Wochen hat sich der Hormonhaushalt wieder reguliert und die Gefühlsunterschiede haben sich auf dein normales Maß eingependelt.

Bei etwa 10 - 15 % aller neugeborenen Mütter löst sich dieser Zustand jedoch nicht von alleine auf. Sie fühlen sich niedergeschlagen, antriebslos oder sogar ihrem Baby gegenüber gänzlich gefühllos. Man spricht dann von einer Postpartalen Depression, die auch Wochenbettdepression genannt wird. Wobei diese depressive Verstimmung innerhalb der ersten zwölf bis vierundzwanzig Monate nach einer Entbindung auftreten kann. Die Ursachen für eine Postpartale Depression können ganz unterschiedlich sein. Hat die NeuMama schon einmal unter einer depressiven Verstimmung gelitten oder kamen Depressionen in der Familie vor, kann die Wahrscheinlichkeit für eine Neuerkrankung nach der Entbindung erhöht sein. Jedoch können auch unvorbelastete Mütter betroffen sein. Eine problematische Schwangerschaft, traumatische Geburtserlebnisse oder die riesige Bandbreite von Veränderungen in sozialen Beziehungen durch die Mutterschaft können ebenfalls zu einer Wochenbettdepression führen. Hinzu kommen erschöpfende Lebensumstände, wie der Schlafmangel mit dem die meisten NeuEltern zurechtkommen müssen, ein völlig veränderter Alltag als der, den man vorher manchmal jahrelang gewohnt war und ein Tagesablauf in dem du nun ziemlich fremdbestimmt im Rhythmus von Füttern und Windelnwechseln lebst.

Wichtig ist einerseits darüber informiert zu sein, dass es so etwas gibt und auch längere Zeit nach der Geburt, insbesondere während des ersten Lebensjahres deines Kindes, aufmerksam mit dir zu bleiben. Andererseits kann es erleichtern zu wissen, dass man nicht alleine damit ist. Eine Postpartale Depression kommt relativ häufig vor und stellt eine große Belastung für jede betroffene NeuMama dar. Statt dich zu freuen und dein BabyGlück zu genießen bist du völlig außer dir, traurig, ängstlich, hast Versagensängste und zweifelst an deinen Fähigkeiten als Mutter. Hinzu kommt häufig eine große Scham undankbar für dieses zauberhafte Wunderwesen zu sein, es nicht auf die Weise umsorgen zu können wie man es sich vorgestellt hat und unfähig für positive Gefühle diesem kleinen Menschen gegenüber zu sein.

Oft trifft man dann noch auf Unverständnis in seinem Umfeld. Jeder freut sich über das Baby, nur die eigene Mutter nicht. Wenn es auch in deinem Familien- oder Freundeskreis Menschen gibt, die dich für deine Gefühle während der Postpartalen Depression verurteilen, liegt es an ihrem mangelnden Wissen. Vertraue dich Menschen an von denen du dich sicher verstanden fühlst, die wohlwollend mit dir umgehen. Das kann dein Partner sein, deine beste Freundin oder deine Mutter. In jedem Fall solltest du auch mit einer fachlich kompetenten Person, wie deiner Hebamme oder Gynäkologin, sprechen, die mit dir gemeinsam überlegen können was dir nun hilft. Das können Medikamente auf Pflanzenbasis sein oder ein Antidepressivum, manchmal in Begleitung durch eine Therapeutin oder einen Therapeuten.

Wichtig ist, dass du dir Hilfe holst. An einer (Postpartalen) Depression zu erkranken ist keine Seltenheit. Laut einer Studie der Weltgesundheitsorganisation (WHO) sind weltweit rund 264 Millionen Menschen von Depressionen betroffen. In Ländern mit geringem bis mittlerem Einkommen haben zwischen 76 - 85 % der Patienten keinen Zugang zu Behandlungsmöglichkeiten. Das ist in Deutschland zum Glück anders. Hier gibt es ein breites Spektrum von Methoden mit denen dir geholfen werden kann. Nimm es an. Es ist keine Schande Unterstützung zu brauchen. Du musst nicht alles alleine durchstehen. Jeder Mensch braucht an einem gewissen Punkt eine sichere Begleitung und der ist bei dir jetzt dieser große Umbruch des Mutterwerdens.

Zum Glück wird in unserer Gesellschaft inzwischen immer offener über Depressionen gesprochen, da immer mehr Menschen daran erkranken. Alleine in Deutschland sind etwa 4,1 Millionen Frauen und Männer davon betroffen. Dennoch empfinden viele Betroffene die Diagnose als Stigma und schämen sich für ihr Versagen. Erschöpfung und Traurigkeit passen einfach nicht in die ständige Präsenz, das Vorankommen wollen und die dauerhafte Rastlosigkeit der modernen Leistungsgesellschaft. Manche Menschen schieben dieses Thema weit von sich, wenn sie ihm begegnen oder reagieren mit Ablehnung. Dahinter verbergen sich die eigene Unsicherheit im Umgang mit Betroffenen und das Wissen um die ständige Selbstausbeutung, der man sich verschrieben hat. Ein Tanz auf dem Drahtseil, der jederzeit in eine tiefe Krise führen kann.

Im Wochenbett sind Ruhe und Erholung angesagt. Hier geht es nicht um Leistung oder Perfektion, sondern um unser Sein, das viel zu oft vernachlässigt und dessen existentielle Bedeutung nicht anerkannt wird. Wenn du also Anzeichen einer Postpartalen Depression bei dir erkennst, solltest du den Schritt wagen und mit deiner Hebamme oder Gynäkologin darüber sprechen. Zu den Merkmalen einer Wochenbettdepression gehören ein Gefühl der inneren Leere, Antriebslosigkeit, Traurigkeit, Schuldgefühle, erhöhte Reizbarkeit und ambivalente Gefühle oder allgemeines Desinteresse gegenüber deinem Kind. Auch wenn du dir unsicher bist, ob du tatsächlich an einer Postpartalen Depression leidest, solltest du in jedem Fall das Gespräch mit einer dir vertrauten Person suchen.

Möchtest du lieber zuerst anonym mit jemandem sprechen, kannst du die Telefonnummer der Deutschen Depressionshilfe unter 0800-3344533 erreichen. Du bist nicht allein.

In der nächsten Übung findest du in einer wohltuenden Verbindung von Atem, Bewegung und Bewusstheit einige Augenblicke der Balance.

Übung: „Deine neue Balance"

Zeit: so lange es dein Baby gerade zulässt

Das brauchst du: Platz, um deine Arme auszustrecken

Richte dich sicher und ruhig in Tadasana ein. Halte deine Augen geöffnet und strecke mit der Einatmung deine Arme über die Seite nach oben in eine sanfte Rückbeuge. Deine Handflächen zeigen zueinander, dein Steißbein zieht nach unten, um ein Hohlkreuz zu vermeiden. Durch die leichte Rückbeuge öffnest du deinen Brustraum und damit dein Herzchakra.

Mit deiner nächsten Ausatmung nimmst du die Hände vor der Brust zusammen. Einatmend streckst du deine Arme seitlich und parallel zum Boden aus, deine Handflächen zeigen nach vorne. Ausatmend umarmst du dich selbst, indem du die Handflächen auf deine Schulterblätter legst.

Wiederhole die Abfolge einige Male. Bleib dabei bewusst in deinen Bewegungen, die mit deinem Atemfluss verbunden sind.

Zum Beenden der Übung lässt du deine Arme mit einer Ausatmung entlang deines Körpers absinken und spürst in der ausbalancierten Tadasana nach.

Vielleicht gibt es Eindrücke oder Gefühle, die du zum Abschluss noch in dein WochenbettTagebuch eintragen möchtest.

Zehn Monate der alleinigen Fürsorge für dein Kind sind eine intensive Erfahrung. Du hast es wohlbehütet in dir heranwachsen lassen, ihm alles gegeben was es zum Reifen brauchte. Nun hast du es in diese Welt gegeben in der ihm andere Menschen begegnen werden. Dein Baby lernt seinen Papa kennen von dem es bislang nur die Stimme gehört oder eine Hand durch deine Bauchdecke gespürt hat. Auch zwischen ihnen wird sich eine ganz besondere Verbindung entwickeln. Dazu brauchen die beiden Gelegenheit. Vielleicht fällt es dir anfangs schwer dein Kind in andere Hände zu geben, auch wenn es die deines Partners sind. Das Loslassen, das mit der Entbindung begonnen hat, geht weiter und weiter. Es mag sich schmerzhaft für dich anfühlen, doch wenn dein Baby es zulässt auch dich loszulassen und friedlich in den Armen seines Papas ruht, dann lass den beiden ihre Zeit. Versuche die kleinen Momente zu genießen, die du nun wieder mit dir alleine haben kannst. Schöpfe Kraft in den Situationen, die ganz dir gehören und entspanne in den Augenblicken in denen du für kurze Zeit deine mütterlichen Aufgaben und die große Verantwortung für dein Kind in sichere Hände abgeben kannst. Im Wochenbett hast du viel Zeit, dein Baby aufmerksam wahrzunehmen. Das kann auf unterschiedlichste Weise geschehen. Meist passiert es ganz natürlich und von alleine im täglichen Umgang miteinander. Vielleicht hältst du es in deinem Arm und betrachtest seine Mimik, schaust fasziniert zu wie es seine MiniNase kräuselt, nimmst seine winzig-kleinen Fingerchen wahr, die deinen Daumen fest umschließen. All das sind wunderbare Momente der Nähe zwischen dir und deinem Kind. Doch es gibt auch viele Ablenkungen von außen, nicht zuletzt Smartphone und die damit verbundenen Social-MediaKanäle. Natürlich liegt es in deiner Hand wie du dein Telefon nutzt und ob es in der ersten Zeit mit deinem Neugeborenen nicht auch einfach mal offline bleiben kann. Andererseits bietet es auch die Möglichkeit mit Menschen Kontakt zu halten, die dir wichtig sind und dir gut tun in dieser Zeit der Neuausrichtung deines Lebens. Überlege für dich wie du die neuen Medien für dich nutzen kannst statt dich auf unterschiedlichen Ebenen von ihnen bestimmen zu lassen. Gib dir Zeit in deinem neuen Leben, deinen vielfältigen Aufgaben als Mutter und den noch zu entwickelnden Familienstrukturen anzukommen. Entwicklung braucht Geduld. Konzentriere dich auf dein Baby, entdecke deine emotionale Vielfalt und lass Erwartungen los vor allem deine eigenen, dann wiegen die der anderen Menschen weniger schwer.

Übung: „Spüren eurer innigen Verbundenheit"

Zeit: zwischen 1 Minute bis ewig

Das brauchst du: einen ruhigen und warmen Ort mit kuscheligen Kissen und Decken

Entkleide deinen Oberkörper und zieh dein Baby ganz oder bis auf die Windel aus. Leg es behutsam auf deine Brust, so dass ihr gegenseitig eure Haut spüren könnt. Lehne dich nun gemütlich zurück und decke euch angenehm warm zu. Halte dein Baby sanft und sicher mit deinen Händen auf seinem Rücken. Schließe deine Augen und nimm seine Haut auf deiner wahr, die Bewegungen seines kleinen Körpers, spüre die zarten Ausatmungen auf deiner Haut, hör ganz aufmerksam auf seine Geräusche, sei bei dir, sei bei deinem Kind, sei bei euch.

Vielleicht fällt es dir am Anfang schwer dich völlig auf den Moment einzulassen, weil dich etwas im Außen ablenkt und du dich in die Geschichte hinter dem Geräusch verstrickst. Bleib liebevoll mit dir, nimm ganz wohlwollend wahr, dass dich gerade etwas abgelenkt hat und dann komm zu dir und deinem Kind zurück, zu eurem Kontakt, zu eurem Moment. Je öfter du dich darin übst im Moment zu sein, die Umgebungsgeräusche oder Stimmungen anderer Menschen da zu lassen wo sie hingehören, nämlich im Außen, desto leichter wird es dir fallen zu dir zurückzufinden. In dir ist Raum, in dir ist Stille, in dir ist Freiheit, in dir ist Licht. Du bist das Universum für dein Kind, in eurem Kosmos seid ihr behütet und verbunden, das ist alles was zählt.

Bevor du zurück in die Welt um euch herum kommst und deine Augen öffnest, atme noch einige Male ruhig und tief ein und aus, ganz bewusst in diesem besonderen Moment, den du in deinem Herzen bewahren kannst.

Im nächsten Abschnitt gehe ich tiefer darauf ein welche besonderen Bedürfnisse manche Babys haben und wie es sich anfühlt, wenn dein Kind sich einfach nicht beruhigen lässt.

3.3 Ich bin gekommen, um zu bleiben

„Große Dinge werden durch Mut errungen,
größere durch Liebe, die größten durch Geduld."
(Peter Rosegger)

Manche Kinder scheinen als kleine Buddhas auf die Welt zu kommen, ausgeglichen, fröhlich und zufrieden mit allem. Doch einige Kinder tragen ihre angeborene Erleuchtung nicht offensichtlich vor sich her. Dabei sind sie alle vollkommen in ihrer Einzigartigkeit. Jedes für sich ein kleiner Mensch mit großer Persönlichkeit. Unsere Aufgabe als Eltern ist es sie in der Entfaltung ihrer ganz persönlichen Eigenschaften, Fähigkeiten und Talente zu begleiten, ihnen zur Seite zu stehen, wenn ihre Besonderheiten nicht in die vorgegebene Norm passen und sie in ihrem ganz eigenen Sein zu bestärken. Mit einer sicheren Bindung, die gerade in der Babyzeit durch körperliche Nähe und Zuwendung entsteht, schenkst du deinem Kind eine stabile Basis von der aus es die Welt für sich entdecken kann.

Babys sind außergewöhnlich kompetente kleine Wesen, die sehr gut für sich sorgen können, indem sie auf ihre Bedürfnisse aufmerksam machen und nicht eher Ruhe geben bis diese befriedigt werden.

In ihrer ungebändigten Natürlichkeit und vollkommenen Verbundenheit mit ihrer inneren Welt geben sie ungefiltert wieder wenn etwas für sie nicht stimmt. Daher darfst du ein grundlegendes Vertrauen in dein Kind haben. Mehr noch solltest du also eher deinem Kind zuhören und auf deine innere Stimme vertrauen, als irgendwelchen Ratschlägen, die von außen an dich herangetragen werden. Du bist der wichtigste und richtigste Mensch für dein Baby.

Klitzekleine und kleine Kinder brauchen ganz viel Nähe zu ihnen vertrauten Menschen und erfahren darüber Sicherheit aus der heraus sie sich entwickeln können. Zwar hat der Prozess des Loslassens mit dem gewaltigen Prozess der Geburt begonnen, dennoch vollzieht sich dieses Loslassen zunächst in ganz winzigen Schritten. Bald wird diese Entwicklung jedoch Fahrt aufnehmen. Genieße also diese besondere, intensive Zeit der Nähe so lange sie währt. Du brauchst dabei überhaupt keine Sorge zu haben dein Baby zu verziehen indem du es viel trägst und unendliche Nähe bietest. Babys kann man einfach nicht verziehen. Sie brauchen uns soooo, soooo dringend, weil sie vollkommen hilflos und schutzbedürftig sind. Ohne fürsorgliche Eltern, die das Kleine aufmerksam umsorgen, ihm Nahrung und Wärme geben, es mit sanfter Stimme und liebevollen Berührungen beruhigen kann es nicht überleben.

Aus der Evolution heraus lässt sich dieses tiefe Bedürfnis nach Nähe gut verstehen. Damals war es für kleine Menschenkinder überlebenswichtig einen zuverlässigen Erwachsenen in der Nähe zu haben. Ein Baby das ungeschützt herumlag war für umherstreichende Tiere eine leichte Beute. Daher wachen Babys auch mehrmals in der Nacht auf, um sich eurer Anwesenheit zu vergewissern und weinen wenn sie sich alleine und damit ungeschützt fühlen.

Verwöhnt euer Kleines also ausgiebig, indem ihr einfach da seid. In den ersten Wochen und Monaten könnt ihr eurem Kind diese Geborgenheit vor allem über Körperkontakt geben. Babys sind Traglinge und benötigen den direkten Kontakt mit ihren wichtigsten Bezugspersonen, um sich zu entspannen und die vielen neuen Eindrücke der ihnen noch so unbekannten Welt zu verarbeiten. Ein Tragetuch kann euch hier ausgezeichnete Dienste leisten. Euer Baby wird darin sicher transportiert und das Tuch passt sich ganz selbstverständlich an den kleinen Körper und deinen Rücken an. Wenn du das Tuch an deinen Schultern auffächerst, verteilt sich das Gewicht deines Kindes gleichmäßig darauf und verhindert damit Schulter oder Rückenschmerzen. Wird dein Kind größer und schwerer, kannst du auf eine Trage umsteigen, die auch ein Tragen auf dem Rücken ermöglicht. Auf diese Weise ist dein Kind immer bei dir, kann deine Tätigkeiten miterleben und du hast beide Hände frei.

Jedes Kind hat ein ganz eigenes Bedürfnis nach Nähe und Aufmerksamkeit. Manche Babys können gar nicht genug Körperkontakt bekommen, lassen sich keine Sekunde ablegen und weinen trotz liebevoller Zuwendung scheinbar grundlos. Der Kinderheilkundler Professor William Sears hat dafür den Begriff „HighNeedBabys" geprägt und zwölf Kriterien entwickelt, an denen man Kinder mit einem besonders großen Kümmerbedarf erkennen kann. Wenn bei deinem Baby also gesundheitlich alles in Ordnung ist und es dennoch ständige Aufmerksamkeit durch lautes Schreien fordert, dann könnte es zu den kleinen Menschen gehören, die von Natur aus unruhig sind, dich über die Maßen fordern und ständig unzufrieden wirken.

Natürlich ist man enorm gebunden, wenn man den ganzen Tag und die halbe Nacht einen kleinen Menschen an sich kleben hat. Es ist anstrengend und auslaugend. Besonders bei Babys, die sich trotz aller Zugewandtheit kaum oder überhaupt nicht beruhigen lassen. Wie soll man dabei sicher in die völlig neue Rolle als Mutter oder Vater finden, wenn einem ständiges Missfallen in Ohr und Herz gebrüllt werden? Das bringt ganz viel Unsicherheit bis hin zur Verzweiflung mit sich.

Wenn einem dann noch Unverständnis durch das Umfeld entgegenschlägt, fühlt man sich völlig alleine und als VersagerIn. Es ist kaum auszuhalten, wenn sich dein Kind nicht beruhigen lässt, häufig unzufrieden wirkt, damit deine Mutterqualitäten in Frage stellt und du dich dann noch vor anderen Menschen rechtfertigen sollst. Mich hat es unglaublich verletzt meiner Tochter nicht die Sicherheit und Ruhe geben zu können, die sie brauchte. Zudem wurde ich irgendwann furchtbar wütend auf andere Mütter, die es mit ihren entspannten Kindern so viel leichter hatten. Sie wurden nicht im Supermarkt angestarrt und mit Kopfschütteln über das vermeintliche mütterliche Versagen bedacht. Gleichzeitig war da dieses kleine Wesen, das ich so unbedingt trösten wollte und es einfach nicht schaffte. Ich bin fast daran verzweifelt mein Kind nicht beruhigen, ja noch nicht einmal zu ihm durchdringen und ihm seine offensichtliche Not erleichtern zu können. Unsagbar hilflos habe ich mich gefühlt und bis heute bin ich noch manchmal traurig, dass wir keinen friedlichen Bilderbuchstart miteinander hatten, wie man es von anderen Müttern erzählt bekommt. Doch es war nicht anders möglich. Mein Kind war nicht zu beruhigen, es war seine Art in dieser Welt anzukommen.

Da sein ist die einzige Linderung, auch wenn euer Kleines das nicht zeigen kann, so spürt es eure Anwesenheit und das macht ihm seine Not erträglicher. Mir hätten Verständnis und eine wohlwollende Akzeptanz dessen was ist geholfen. Besonders von den Menschen in meinem nahen Umfeld. Das schlimmste ist zu hören, dass Kinder nun mal anstrengend sind und damit den Eindruck vermittelt zu bekommen, dass man selbst einfach nicht stark genug ist das auszuhalten. So etwas kommt von Menschen, die entweder sehr hart gegenüber sich selbst sind oder keine Erfahrungen mit HighNeedBabys gemacht haben. Vertraue auf dein Gefühl. Du bist die Expertin für dich und dein Kind. Egal was dir erzählt wird, spüre in dich hinein und verlasse dich auf das was du wahrnimmst.

Ich habe länger darüber nachgedacht, ob die Benennung von einem besonderen Anspruch eine Stigmatisierung oder eine Chance bedeutet. In unserer Funktionsgesellschaft werden Menschen, ob groß oder klein, nach ihren Besonderheiten in Kategorien eingeteilt, die ihr von der Norm abweichendes Verhalten beschreiben. Dabei ist Verschiedenheit die Norm. Jeder Mensch hat unterschiedliche Fähigkeiten, Eigenarten und Maßstäbe. Unsere Gesellschaft besteht auf Individuen, die auf ihre jeweils eigene Art etwas beizutragen haben. Vielfalt ist die Norm. Nehmen wir die Bezeichnung „HighNeedBabys" also nicht als Stigma, sondern als einen Begriff, der der Eigenart dieser Kinder einen Ausdruck gibt. Es kann erleichternd sein zu wissen was mit deinem Kind los ist, warum es sich so verhält, dass diese Eigenschaft zu ihm gehört so wie andere Besonderheiten zu dir gehören. Vielleicht gelingt es darüber zu akzeptieren, dass jedes Kind Zuwendung braucht, jedes eben in einem anderen Maß. Eltern von Kindern mit einem besonders hohen Bedarf sollen wissen, dass die ausgedrückte Unzufriedenheit ihres Kindes nicht an ihnen und ihren Kompetenzen als Mutter oder Vater liegt. Ihr gebt euer Bestes und das spürt euer Baby, auch wenn es das gerade nicht zeigen kann. Haltet durch. Manchmal hilft einfach nichts anderes als da sein, euer Kind zu halten, wenn es sich vor Unbehagen windet. Es geht vorbei. Das klingt furchtbar unbefriedigend, wird aber noch soooo oft vorkommen. Bei manchem Neuen, wie der Eingewöhnung in der Kita, oder Schmerzhaftem, wie dem ersten Liebeskummer. Seid füreinander da.

Manche Erziehungsansätze bieten Lösungen zur Abhilfe bei Problemen an bei denen die individuellen Grundbedürfnisse eines Kindes unberücksichtigt bleiben. Eine dieser an Grausamkeit grenzenden Methoden ist das Schlaftraining bei dem Eltern ihr Kind für eine bestimmte Zeit „kontrolliert" weinen lassen sollen. Auf diese Weise soll ihm beigebracht werden sich selbst zu beruhigen. Irgendwann stellt sich dann tatsächlich ein vermeintlicher Erfolg ein, denn Babys, die auf diese Art und Weise „trainiert" werden hören tatsächlich nach einer Weile auf zu schreien. Jedoch nicht, weil sie sich nun selbst beruhigen können, sondern weil sie einfach körperlich erschöpft sind und mental resignieren. Die verzweifelten Hilferufe wurden nicht erhört. Daher schont das Baby seine Kräfte und gibt auf. Währenddessen steht ihr rastlos vor der Kinderzimmertür und müsst aushalten wie euer Kind sich quält. Das ist für alle Beteiligten äußerst belastend und kann einfach nicht gesund und richtig sein. Damit macht Euer Kleines nämlich die Erfahrung, dass es tatsächlich verlassen wurde. Ein für beide Seiten gesunder Weg ist Kinder durch ihr emotionales Chaos zu begleiten , ihnen zu zeigen wie sie zur Ruhe finden, immer und immer und immer und immer wieder Sie können es noch nicht und müssen es wie so vieles andere lernen. Wenn euer Kind laufen lernt, schubst ihr es ja auch nicht immer wieder, damit es auf diese Weise schneller sein Gleichgewicht findet.

Natürlich gehe ich zu meinem Kind, wenn es weint und lasse es nicht alleine, wenn es mich gerade braucht. Habt keine Angst davor euer Baby zu verwöhnen. Dieser Begriff ist leider negativ besetzt obwohl er etwas Wunderbares bedeutet. Verwöhnen heißt, jemanden liebevoll umsorgen. Es ist das einzig Richtige für euer Kind und euch selbst. Ihr zieht euch dadurch keine kleinen Monster heran. Kinder sind nämlich keine von

Grund auf manipulativen Wesen, wie einige pädagogische Ansätze uns glauben lassen wollen. Es sind nicht zwei Seiten, die gegeneinander kämpfen, sondern eine Familie, die ihren Weg entwickelt. Es liegt also nicht am „Fehlverhalten" des Kindes, sondern am Unverständnis über kindliche Bedürfnisse und der eigenen Anpassung an gesellschaftliche Gegebenheiten, wenn man aus Angst einer Anleitung folgt, die gegen die eigenen Gefühle wirkt.

Mit dem liebevollen Umsorgen eures Kindes legt ihr ein starkes Fundament von Vertrauen, das essentiell für eine gesunde geistig-emotionale Entwicklung ist.

Habt Geduld mit eurem WeltNeuling und genauso mit euch neugeborenen Eltern.

Übung: „Kraft schöpfen in der Unruhe"

Zeit: 5 Minuten über den Tag verteilt

Das brauchst du: deine Präsenz und dein (weinendes) Baby

Halte dein Kind liebevoll in deinen Armen. Bewege dich sanft hin und her. Nimm die Kontaktpunkte zwischen deinem Körper und dem deines Babys wahr. Bleib für einige Atemzüge bei einem Punkt, den du gerade besonders intensiv spürst. Atme so ruhig wie möglich weiter, auch wenn dein Kind sich wieder nicht beruhigt. Du tust gerade alles was möglich ist, indem du es sicher hältst und darüber hinaus mit dieser Übung auch gut für dich sorgst. Atme, nimm den Kontaktpunkt wahr und schaukele euch beide sanft hin und her.

Wiederhole diese intensive Zeit immer mal wieder im Verlauf des Tages und nimm wahr, was es mit dir macht.

Wenn ihr zu den ausgeschlafenen Eltern gehört, die jeden Moment mit ihrem Kind genießen und sogar einen Teil ihres bisherigen Lebens beibehalten können, die ein ausgeglichenes Kind im Kinderwagen umherschieben, das unter zartem Streicheln friedlich in den Schlaf gleitet und ruhig einige Stunden durchschläft, genießt es. Aber haltet es nicht all jenen Eltern, die sich durch schlaflose Nächte und nicht enden wollendes Babyweinen kämpfen vor. Sie machen nicht weniger richtig als ihr, sondern ihr Baby hat einfach andere Bedürfnisse als eures.

An all jene Mamas und Papas, die verzweifelt und völlig erschöpft darauf warten, dass Phase um Phase vorübergeht in der stillen Hoffnung sie mögen endlich zu guten Eltern werden, die ihr Kind beruhigen können. Es liegt NICHT an euch, dass euer Baby unruhig ist, dass Entspannen und in den Schlaf finden nicht gelingen. Jedes Kind bringt von Geburt an so viel mit. Trotzdem wird jedes vermeintliche Fehlverhalten, jeder unangepasste oder anstrengende Gefühlsausdruck den Eltern angelastet, ihrem Unvermögen, ihrem Versagen. Wenn dann noch andere NeuEltern, deren Baby schläft wenn es müde ist und nur kurz moppert, wenn es hungrig wird, den völlig entnervten Eltern eines HighNeed-Babys erzählen wie sie das so machen, hilft es den gestressten Eltern nicht. Im Gegenteil führt es zu einer

Verstärkung des Gefühls dem eigenen Kind nicht zu reichen. Seid füreinander da, stärkt einander und hört zu. Früher oder später hat jedes Kind eine Phase mit der die Eltern zunächst überfordert sind. Aber wir dürfen immer weiter lernen.

Lange Zeit dachte ich übrigens ein Baby das viel schläft, ausgeglichen ist und häufig lächelt sei ein Traumbaby. Besonders während der vielen Nächte in denen mein Kind alle zwei Stunden wach wurde. Ich habe mich so grandios geirrt. Mein Kind ist mein absolutes Traumkind trotz und wegen seiner starken Gefühle. Sie hat mich weit über meine körperlichen und emotionalen Grenzen hinaus gebracht. Durch sie musste ich viele meiner so fest gesteckten Komfortzonen verlassen. Heute bin ich unendlich dankbar für diesen enormen Wachstumsprozess durch den ich meine Kraft und Fülle wiederentdecken konnte.

4. We are Family

„Kinder müssen mit Erwachsenen
sehr viel Nachricht haben."
(Antoine de Saint-Exupéry)

Wenn du gerade Mutter oder Vater geworden bist, meldet sich ganz natürlich deine innere Stimme bei dir. Sanft flüstert sie dir zu wie du dein Kind sicher und geborgen in deinen Armen hältst, erklärt dir geduldig den Grund für sein verzweifeltes Weinen und lässt dich dein Kleines behutsam trösten, auch wenn es sich gerade einfach nicht beruhigen lässt. Es ist deine Stimme von der du dich vertrauensvoll leiten lassen kannst, weil sie sicher weiß was dir gut tut, was du brauchst, wovon oder von wem du Abstand nehmen solltest. Vielleicht ist diese Stimme in dir gerade noch sehr leise, kaum hörbar, weil du ihr schon lange nicht mehr zugehört hast.

Vor der Geburt deines Kindes gab es so viel zu organisieren und ein völlig anderes Leben liegt hinter dir, getaktet durch äußere Einflüsse, Ansprüche und Erwartungen. Bestimmt hat deine innere Stimme schon viel früher versucht Kontakt mit dir aufzunehmen. Dein ganzes Leben lang war sie bei dir, hat dich in allen Lebenslagen begleitet, wollte dir zur Seite stehen, dir die Richtung weisen wenn du nicht weiter wusstest. Bisher konntest du sie vielleicht wegdrängen, weil man es halt einfach so macht oder ignorieren, wenn sie sich nicht schon in körperlichen Beschwerden überdeutlich gezeigt hatte. Jetzt ist da ein winzig-kleiner Mensch, der so auf dich zählt, mit dem du leben und von dem du eine Menge lernen wirst, wenn du feinfühlig in dich hineinspürst und zuhörst, deinem Kind und dir selbst.

Lass dich nun ein auf diese Sanftheit in dir, folge deiner Intuition im Umgang mit dir selbst und diesem kleinen Wesen, das dir vollkommen vertraut. Ihr seid bereits auf eurem ganz eigenen Weg, denn niemand gestaltet das Leben ganz genauso wie ihr. Je öfter du deiner inneren Stimme vertraust, desto klarer und sicherer wirst du in deinem Gefühl für deinen Weg und in der Beziehung zu deinem Kind.

Glaube an dich, es wird alles gut.

4.1 Ein Weg entsteht, indem man ihn geht

„Den größten Fehler, den man im Leben machen kann, ist, immer Angst zu haben, einen Fehler zu machen."
(Dietrich Bonhoeffer)

Auf der Heimfahrt von einem Besuch bei Freunden fuhr ich zum ersten Mal über das neue Teilstück einer Autobahn. Meinem Navi war diese Strecke ebenso unbekannt wie mir, denn auf dem Display zeigte es wie ich über Felder und Wiesen fuhr. Wege sind also nicht einfach da, sie entstehen, indem man sie geht. Als soziale Wesen, die in Gruppenstrukturen leben, wirkt es für uns ungefährlicher, wenn wir einem Trampelpfad folgen, den schon vor uns Menschen gegangen sind. Wohin sie dieser Weg geführt hat, können wir an ihrem jetzigen Leben ablesen. Damit besteht nicht die vermeintliche Gefahr der Ungewissheit. Wir müssen also nicht selbst entscheiden wo wir langgehen und uns dem Risiko aussetzen irgendwo zu landen wo vor uns noch niemand war. Entscheiden wir uns also dafür einem bereits bestehenden Weg zu folgen, fühlen wir uns sicher und wissen wo es lang geht, welche Biegungen er nehmen und wohin er uns führen wird. Jedoch verpassen wir dann die Abzweigungen, Möglichkeiten und Menschen, die uns auf unserem eigenen Weg begegnet wären.

Zum Leben, und insbesondere zum Familienleben, gehört einfach ganz schön viel Unsicherheit. Den Mut dazu hattest du schon vor deiner Schwangerschaft, denn du hast dich dafür entschieden, dich auf ein kleines Wesen einzulassen von dem du überhaupt nichts weißt. Erst nach seiner Geburt lernst du nach und nach seinen Charakter kennen, die vielen liebenswerten Schrullen, kleinen Nervigkeiten und das ganze Bündel Glück. Es ist völlig verständlich, wenn du dir Sicherheit und einen Leitfaden wünschst an dem du dich orientieren kannst wenn das ganze wilde Leben um dich herum tobt. Wenn du in neue Situationen kommst und nicht weiter weißt. Wenn du schlaflos, mutlos und kraftlos durch den Familienalltag trottest. Dann wirken bereits begangene Wege wie ein Rettungsring, der dir im tosenden Ozean zugeworfen wird, an dem du dich festklammern kannst, um aus den Fluten der Orientierungslosigkeit gezogen zu werden.

Es wirkt verlockend einer Idee, einem Menschen oder einer Gruppe zu folgen, die dir sagen wie man etwas angehen kann. Eine Lösung, die genau zu dir oder deinem Kind passt kann dir jedoch niemand geben außer dir selbst. Kein Mensch ist wie der andere und kein Kind ist wie das andere. Deshalb gibt es keine Erziehungsmethode, die eine generelle Lösung für alle familiären Herausforderungen enthält. Wichtiger als ein pädagogisches Instrument sind Einfühlungsvermögen und Hintergrundwissen. Die Empathie für dein Kind trägst du sicher in dir. Lass dich also ein auf die Situation und hör auf deine innere Stimme. Durch das Einlassen gewinnst du Ruhe und öffnest damit alle Türen für dein kostbares Gefühl mit dem du deine und eure Lösung finden wirst. Wenn es Veranstaltungen oder Bücher mit für dich besonders wichtigen Themen zum Zusammenleben mit Kindern gibt, kann das eine hilfreiche Ergänzung zu deinem eigenen Empfinden sein und dir Inspirationen für euren gemeinsamen Alltag geben. Hör zu, diskutiere mit, wenn du magst, lies das Buch durch und gestalte daraus deine eigene Lebenswelt in der ihr euch als Familie wohlfühlt.

Ein weiterer Grund warum Menschen sich gerne auf bereits begangenen Pfaden bewegen ist die Angst vor Abweichung von der Norm. In jeder Gesellschaft gibt es einen gedanklichen Mainstream, der die weit verbreitete Vorstellung von Lebensentwürfen beinhaltet. Er spiegelt also scheinbar die gesellschaftliche Norm wieder in der die meisten Menschen leben. Darunter fallen unter anderem die Struktur von Familie, also Vater, Mutter,

Kinder, welche Berufe klassischer Weise von Frauen oder Männern besetzt werden und eben auch wie man Kinder erzieht. Solche Vorstellungen sind häufig veraltete Gesellschaftsmuster, die heute in dieser Form nicht mehr für die Mehrheit der Menschen zutreffend ist. Beispielsweise besteht Familie in Deutschland heute in vielen Fällen des Zusammenlebens aus einer Mutter mit ihren Kindern, einem unverheirateten Paar oder einem verheirateten homosexuellen Paar mit Adoptivkindern. Diese bunte Vielfalt ist gesellschaftliche Realität. Dennoch wirken die alten Vorstellungen bis in die Gegenwart hinein und üben enormen Druck auf Familien aus sich an vermeintliche Normen zu halten.

Eine Zeit lang kann es sogar gelingen sich in die Vorgaben bestimmter Gruppen einzufügen und daraus eine gewisse Sicherheit zu gewinnen. Der von vielen vor dir begangene Weg ist breit, ausgetreten und scheint erprobt. Auf Dauer wird er dich jedoch nicht erfüllen. Es ist einfach nicht dein Weg und das wirst du früher oder später spüren. Den Mut zu finden dich auf deine persönliche Lebensreise einzulassen kann durch den Umgang mit Menschen erschwert werden, die sich emotional und gedanklich noch nicht so weit geöffnet haben wie du selbst. Je nachdem mit wem du dich unterhältst kann es dich ziemlich entmutigen und du wirst deine persönlichen Ideen plötzlich wieder für verrückt halten.

Dabei wollen die wenigsten Menschen uns davon abhalten unsere Träume zu leben, weil sie nicht an uns glauben. Es ist vielmehr ihre eigene Angst vor Neuem und Unbekanntem, die sie in den bekannten und scheinbar sicheren Strukturen verharren lässt.

Vielleicht begegnet dir die Ablehnung deiner Ideen sogar in deinem Freundeskreis. Hier kommen zu der grundsätzlichen Sorge vor Veränderung große Bedenken, wie sich durch dein anderes Leben eure Beziehung wandeln würde. Davor wollen sich deine Freunde schützen. Sie wollen dich nicht verlieren, haben aber auch nicht den Mut sich zumindest gedanklich auf deine Neuerungen einzulassen. Daraus könnte für sie das Risiko entstehen ihre bisherigen Lebensgewohnheiten zu hinterfragen. Gib ihnen Zeit und umgib dich zusätzlich mit Menschen, die sich bereits auf ihrem Weg befinden. Bei Veranstaltungen, im Internet oder durch zufällige Begegnungen kannst du Impulse finden, die du gerade in deinem Leben brauchst.

Als meine Tochter drei Monate alt war habe ich mich entschlossen auf meinen Bauch zu hören. Bis dahin hatte mich die Flut von, meist ungebetenen, Ratschlägen und Erziehungsdogmen ziemlich fertig gemacht und verunsichert. Das war der Beginn meiner Reise zu meinem eigenen Weg. Anfangs habe ich mich total wackelig damit gefühlt. Es gab keine Bestätigung von irgendwem auf der richtigen Spur zu sein. Die einzige Rückmeldung auf die ich mich verlassen konnte war das Gefühl in mir. Das führte mich sicher durch sämtliche Unwägbarkeiten, doch war es auch ganz ungewohnt sich von den äußeren Erwartungen zu lösen und auf meine innere Haltung zu vertrauen.

Ein wunderbares Zitat, das mir in dieser Zeit des Umbruchs geholfen hat und die Essenz von Meditation beschreibt, lautet: „Du kannst die Welt nicht mit Samt auslegen. Aber du kannst deine Füße damit umwickeln." In der Meditation betrachtest du die Dinge wie sie gerade sind. Du lässt alle Gefühle, Ängste, Hoffnungen und Sorgen zu. Jedes Gefühl braucht seinen Platz. Wenn du die Angst verdrängst, wird sie umso größer und unheimlicher zurückkehren. Lässt du sie zu, gibst ihr Raum und schaust dir an was sie dir mitteilen will, kannst du Erkenntnisse gewinnen und auf damit dein Leben nach deinen inneren Überzeugungen gestalten.

Wenn du dich auf deinen eigenen Weg machst, wirst du oft vergeblich die Bestätigung im außen suchen. Nur wenige Menschen haben ein Urvertrauen in sich selbst und das Leben. Daher können sie auch andere nicht in ihrer Individualität bestärken. Vielleicht gibt es in deinem Leben einen besonderen Menschen, der fest an dich glaubt, das ist ein großartiges Geschenk. Wenn dir jemand fehlt, der dir in diesem Moment der Neuorientierung ein Stückchen Sicherheit geben kann, dann sage ich es dir aus vollem Herzen und in tiefer Überzeugung: „Du wirst deinen Weg finden. Es wird gut. Vertraue dir und deinem Kind."

Meditation: „Was zu mir gehört"

Zeit: ca. 15 Minuten

Das brauchst du: einen ruhigen Ort

Nimm eine bequeme Sitzhaltung ein, auf einem Stuhl oder auf dem Boden. Richte deine Wirbelsäule von der Wurzel her auf, so dass du in dieser Position eine Weile stabil und ausgewogen sitzen kannst. Leg nun deine Hände mit den Handflächen nach unten auf die Oberschenkel. Lass noch einmal bewusst deine Schultern sinken, dann schließe die Augen. Folge deinem Atem durch deinen Körper. Begleite ihn mit jeder Ein- und Ausatmung von deiner Nasenspitze bis tief in die Lungen und wieder hinaus. Lass ihn dabei unbeeinflusst fließen, kommen und gehen so wie er gerade ist. Wenn dich Gedanken oder Geräusche ablenken, nimm sie kurz wahr und kehre mit deiner vollen Aufmerksamkeit zurück zum Fluss deines Atems.

Konzentriere dich nun auf ein Geräusch, das du von außen wahrnimmst, Vogelgezwitscher oder Motorengeräusche, und bleib für einige Atemzüge völlig darauf fokussiert. Dann lass das außen los und lausche in dich hinein. Nimm wahr was du empfindest, wie es sich in dir anfühlt, was in dir vorgeht, ohne es zu benennen, zu bewerten oder verändern zu wollen.

Lass alles da sein wie es ist. Dann wechsle in deinem Rhythmus immer wieder für einige Atemzüge zwischen dem Außen und Innen. Egal wo du gerade bist, sei mit deiner ganzen Aufmerksamkeit dort.

Beende nun den Wechsel und spüre der Übung nach. Lass auch hier alles aufkommen was gerade da ist ohne es zu bewerten oder verändern zu wollen. Bleib dort in jedem angenehmen und jedem unangenehmen Gefühl. Sei präsent im Hier und Jetzt mit allem was darin ist.

Dann komm langsam zurück von deiner inneren Reise und öffne sanft deine Augen.

Vielleicht gab es Gedanken oder Gefühle, die dir während der Meditation immer wieder begegnet sind. Schreib sie auf und schau sie dir später noch einmal an. Vielleicht sind es genau die Punkte an denen du gerade weitermachen solltest.

Entwicklung findet von alleine statt, sie braucht einen sicheren Raum und freie Zeit. Aus allem was dein Baby erlebt, spürt, schmeckt, riecht und hört bildet es Erfahrungen und Erinnerungen. Hab also keine Sorge, dass ein Kind einen Nachteil erleidet, wenn du ihm nicht schon in deinem Bauch Musikstücke von Mozart vorgespielt hast. Es braucht vor allem Ruhe, um die vielen neuen Eindrücke eines ganz normalen Alltags zu verarbeiten. Wenn dein Baby keine körperlichen Einschränkungen hat, die es an der Entfaltung seiner Fähigkeiten hindern, wie zum Beispiel eine Flüssigkeitsansammlung im Mittelohr die seine Hörqualität beeinflusst, wird es seine Möglichkeiten entdecken. Wie alles in der Natur ist auch die Entwicklung deines Kindes ist ein natürlicher Prozess, der aus sich selbst heraus nach Wachstum strebt. Ein chinesisches Sprichwort bringt es sehr schön auf den Punkt: „Ein Grashalm wächst nicht schneller, wenn man an ihm zieht."

Im Gegenteil entstehen durch äußeren Druck und Erwartungshaltungen erst Unlust und Verweigerung gegenüber Neuem. Kinder wollen die Welt entdecken, sie sind voller Neugier und Interesse an allem was um sie herum geschieht. Ausprobieren, sich selbst mit allen Sinnen erleben und die daraus in ihnen entstehenden Emotionen zu verarbeiten sind ihr Weg sich selbst zu erkennen.

Dazu braucht es keine spektakulären Ereignisse, sondern es geschieht meist mit ganz banalen Alltagsdingen, wie einem Löffel, dem Flusen auf dem Boden oder einem Sonnenstrahl, der durch das Fenster fällt.

Reizüberflutung hingegen hemmt die Verarbeitung von Erfahrungen, da das Kind dann nicht mehr die mentale Kapazität zum Einsortieren des Erlebten hat. Damit brauchst du dir also keinen Unterhaltungsdruck zu machen und eure Tage mit Spielangeboten vollpacken. Eure gemeinsamen Momente und ein aufmerksames Miteinander sind alles was dein Baby braucht, ganz besonders in der ersten Zeit. Wenn du später ein nettes Angebot für euch beide entdeckst auf das du Lust hast, dann melde dich ruhig an. Dir wird der Kontakt mit anderen NeuMamas gut tun und dein Baby kann erste Erfahrungen mit anderen Kindern in seinem Alter machen.

Von Anfang an besteht eine ganz besondere Verbindung zwischen dir und deinem Baby. In deinem Bauch war es geborgen und wurde mit allem versorgt was es brauchte. Basierend auf dieser einzigartigen Beziehung könnt ihr euch nun gemeinsam weiterentwickeln, voneinander lernen und an einander wachsen. In dieser vertrauensvollen Verbindung geschieht Erziehung als begleitender Prozess.

Es bedarf keiner rigorosen pädagogischen Konzepte, um mit deinem Kind auch Wege durch herausfordernde Momenten zu finden. Beziehung bedeutet sich immer wieder einzulassen aufeinander in der aktuellen Situation, ständig neu und immer anders. Kinder auf ihrem Weg zu begleiten ist für Eltern ein dauerhafter Lern- und Entwicklungsprozess. Es ist ein wahrer Schatz sich von der Natürlichkeit der Kinder etwas für das eigene Leben abzuschauen oder sogar, inspiriert dadurch, zur eigenen, ursprünglichen Natur zurückzufinden. Statt den eigenen inneren Rückzug, der aus sehr persönlichen Erfahrungen oder Verletzungen entstanden ist, an sein Kind weiterzugeben, liegt im aufmerksamen Umgang miteinander ein wahrer Schatz an individueller Entfaltung versteckt.

4.2 Familienleben in all seinen Facetten

„Bevor du über einen Menschen urteilst, gehe drei
Monde lang in seinen Mokassins."
(Indianische Weisheit)

Die Ideen und Meinungen darüber was eine „gute" Mutter oder einen „guten" Vater ausmachen sind so zahlreich, dass man niemals allen äußeren Ansprüchen gerecht werden kann. Als Eltern steht man ständig im Visier von Kritik und Bewertung. Wie euer Kind sich verhält, wer von euch wann wieder arbeiten geht und wie viel oder auch wie ihr insgesamt euer Familienleben gestaltet. Eine Weile mag es möglich sein den Ansprüchen anderer Menschen Rechnung zu tragen und den Erwartungen Außenstehender gerecht zu werden, zufrieden macht das nicht. Den eigenen Kindern gegenüber fliegt man damit leichter auf als sich selbst, denn etwas für das man nicht steht, kann man nicht authentisch „verkaufen". Statt sich also der dauerhaften Anstrengung zu unterwerfen nach außen hin das Bild von einer perfekten Familie zu kreieren, ohne dadurch tatsächlich mehr Anerkennung zu bekommen, könntet ihr diese Energie direkt in euren eigenen Familienweg investieren. Dazu müsst ihr euch zunächst einmal darüber klarwerden welche Werte ihr mit eurem Kind leben möchtet. Bestimmt hattet ihr vor der Geburt eures Babys schon einige Ideen wie das Leben als Familie sein soll. Manches davon habt ihr vielleicht schon über Bord geworfen, weil die Realität andere Voraussetzungen gebracht hat. Je nach Temperament eures Babys sind manche Abläufe anders als geplant oder gewünscht. Es ist richtig und auch unvermeidlich euch in der ersten Zeit ganz nach den Bedürfnissen eures Kindes auszurichten. Mit einem Baby gibt es zunächst keine Alternativen als seinen Wünschen nachzukommen. Hier braucht ihr auch keine Sorge zu haben, euer Kind zu einem aufmüpfigen KrawallZwerg zu verziehen. Babys fordern ausschließlich das ein, was sie zum Überleben unbedingt brauchen. Die zeitnahe Befriedigung von Hunger, Müdigkeit oder dem Bedürfnis nach Nähe sind essentiell für seine gesunde körperliche und seelische Entwicklung.

Es geht also um die Überlegungen zu dem was euch in eurem gemeinsamen Leben mit Kind wichtig ist. Gesellschaftliche Ansprüche und Vorstellungen können zwar mit euren Bedürfnissen übereinstimmen, ihnen jedoch auch genau gegenüberstehen. Ihr könnt dabei getrost auf euer Bauchgefühl vertrauen. Wenn sich etwas falsch anfühlt, gehört es einfach nicht zu euch. Genauso merkt ihr auch, in welche Richtung eure Handlungen gehen müssen, damit sie zu euch und eurem Kind passen. Manche Werte werden sich mit der Entwicklung eures Kindes ergeben und können sich im Laufe der Zeit auch wieder verändern. Was einem im Leben mit Kindern wichtig ist, wird man also nach und nach herausfinden und mit etwas Übung immer sicherer und selbstverständlicher leben.

Besonders während der Babyzeit solltet ihr für euch kultivieren äußeren Ansprüchen an euch oder euer Kind keine große Beachtung zu schenken. Stattdessen dürft ihr eure ganz eigene Art zu leben entdecken, vielleicht zum allerersten Mal. Welches Gefühl möchtet ihr eurem Baby vermitteln? Vielleicht sind es emotionale Werte wie Geborgenheit, Aufmerksamkeit, Wärme, Vertrauen, Sicherheit, Verlässlichkeit. Das alles findet im täglichen Umgang mit eurem Kind und meist in einer nonverbalen Kommunikation statt, im liebevollen Tragen, zuverlässigen Umsorgen und in friedlichen Ritualen. Wenn es Stimmen in eurem Umfeld gibt, die euch dafür kritisieren oder sogar Angst machen wollen, dass ihr euer Kind verzieht, spürt in euch hinein und entscheidet völlig frei, ob ihr dem Beachtung schenken wollt oder ob ihr weiterhin auf euren eigenen Weg vertraut.

Auch die Werte im Umgang mit euch selbst spielen beim Elternsein eine bedeutende Rolle. Jede Tätigkeit dauert länger und eure Kraftreserven sind innerhalb der roten Markierung angekommen. Überlegt euch genau, was ihr mit eurem Baby erleben oder unternehmen wollt, wem ihr begegnen möchtet und lasst euch ganz viel unverplante Zeit in der ihr einfach miteinander sein könnt. Prüft eure bisherigen Werte auf ihre tatsächliche Bedeutung für euch selbst. Wenn ihr euch im Leben vor dem Elternsein an Maßstäben wie Effizienz, Ordnungssinn, Zielstrebigkeit, Pflichtgefühl oder Pünktlichkeit orientiert habt, wird das zu dem Zeitpunkt einen Grund gehabt haben. Werte entwickeln sich aus persönlichen Erfahrungen, aber eben auch durch die Erwartungshaltung anderer Menschen an uns. Wir wünschen uns Anerkennung und Zugehörigkeit. Dazu müssen wir in manchen Situationen und bei bestimmten Menschen festgelegten Normen folgen.

Aus Gewohnheit übernehmen wir diese Maßstäbe irgendwann dauerhaft in unser Verhaltensmuster, selbst wenn wir irgendwann unterschwellig merken, dass uns einige dieser Werte nicht mehr dienen, ja sogar schaden. Wenn wir an diesem Punkt bisher nicht gut für uns gesorgt haben, sondern uns weiterhin an den gewohnten Mustern orientieren, betrifft das zunächst einmal nur uns selbst. Als Mutter oder Vater betreffen unsere Entscheidungen jedoch immer auch noch mindestens eine weitere Person, unser Kind. Für sich selbst eintreten ist ziemlich verpönt, daher fällt eine Verhaltensänderung schon mal schwer. Es kann leichter sein jemand anderem zu etwas Guten zu verhelfen. Darin liegt nun die Chance, deine Werte neu zu gestalten und Eigenschaften, die dir nicht gut tun abzulegen. Du darfst nun neue LebensWerte entwickeln, für dich und für dein Kind.

Im Folgenden findest du eine Liste mit WerteIdeen. Lies sie dir in Ruhe durch und notiere alle, die dich besonders ansprechen, an denen du vielleicht einen Moment mit deiner Aufmerksamkeit hängen bleibst. Überlege anschließend welche davon dir gerade gut tun oder hilfreich sein könnten. Schreibe dir dann zu jedem Wert, den du in dein Leben integrieren möchtest, auf, wie das in der Praxis aussehen kann.

Geduld, Fleiß, Dankbarkeit, Besonnenheit, Sicherheit, Neugier, Gemütlichkeit, Humor, Furchtlosigkeit, Ehrlichkeit, Liebe, Würde, Flexibilität, Wahrheit, Achtsamkeit, Beliebtheit, Gastfreundschaft, Akzeptanz, Stärke, Andersartigkeit, Coolness, Bindung, Stille, Ansehen, Zufriedenheit, Großzügigkeit, Freundlichkeit, Herzlichkeit, Einfühlungsvermögen, Genauigkeit, Tiefe, Disziplin, Abwechslung, Ordnung, Einzigartigkeit, Wärme, Klugheit, Gehorsam, Fairness, Gründlichkeit, Kontrolle, Präsenz, Angepasstheit, Hygiene, Ruhe, Effizienz, Nachhaltigkeit, Gewinnen, Dominanz, Loyalität,

Familie, Authentizität, Fürsorglichkeit, Gerechtigkeit, Sensitivität, Korrektheit, Sanftmut, Unvoreingenommenheit, Bewusstheit, Mitgefühl, Reinlichkeit, Entschlossenheit, Freiheit, Leistung, Macht, Aufmerksamkeit, Fitness, Hilfsbereitschaft, Empathie, Direktheit, Weisheit, Exzellenz, Spiritualität, Organisation, Verbindung, Authentizität, Sorgfalt, Vermögen, Kontinuität, Mut, Gesundheit, Inspiration, Harmonie, Gelassenheit, Geschicklichkeit, Durchsetzungsvermögen, Pünktlichkeit, Ehrgeiz, Zuverlässigkeit, Klarheit, Freude, Kreativität, Toleranz, Sparsamkeit, Glaubwürdigkeit, Nähe, Wohlstand, Lebendigkeit, Aufopferung, Tradition, Heimlichkeit, Eigenständigkeit, Kooperation, Frieden, Strenge, Respekt, Vergnügen, Optimismus, Zugehörigkeit, Genuss, Beschaulichkeit, Hoffnung, Privatsphäre, Intuition, Überlegenheit, Spontanität, (finanzielle) Unabhängigkeit, Struktur, Raffinesse, Perfektion, Milde, Reichtum, Frömmigkeit, Wildheit, Ausgeglichenheit, Verständnis, Geschwindigkeit, Treue, Wissen, Vertrauen, Stabilität, Einfluss, Leidenschaft, Phantasie, Bescheidenheit, Tapferkeit, Offenheit

Unsere Babys sind kleine Entdeckerinnen und Entdecker. Ihre natürliche Neugier, der innere Wunsch auszuprobieren, sich selbst und die Dinge um sie herum, bringt ganz selbstverständlich Reifungs- und Lernprozesse hervor. Lenken wir zu viel, dann begrenzen wir die Möglichkeiten unserer Kinder. Wir schränken sie in ihrer ganz eigenen Entfaltung und ihren persönlichen Entwicklungsprozessen ein. Geben wir zu viel durch unsere Erwartungen an sie vor, dirigieren wir sie damit in eine Richtung, die uns selbst vielleicht schon nicht gut getan hat und tradieren damit für uns unwirksames Verhalten. Stattdessen können wir uns von den neuen Einsichten, grenzenlosen Ideen und Neuentdeckungen unserer Kinder inspirieren lassen. Wir können uns im Zusammenleben mit ihnen und Beobachten ihrer intuitiven Lust auf die Welt selbst neu erfahren.

Babys brauchen viel Ruhe und ausreichend Raum, um die vielen unbekannten Dinge um sich herum zu entdecken, zu erfahren wie sich etwas anfühlt, was das in ihnen auslöst und all das Neue zu verarbeiten. Natürlich ist es bezaubernd diese Offenheit zu erleben. Jeden Tag probieren sie sich aus und üben dabei alles was sie in ihrer Entwicklung weiterbringt. Wenn für uns Eltern eine neue Fähigkeit dieses kleinen Menschen sichtbar wird, freuen wir uns und sind unglaublich stolz. Wir sollten allerdings nicht zu früh und zu dringlich eine

Entwicklung erwarten, weder bei unseren Kindern noch bei uns selbst. Alles findet zu seiner Zeit statt, auch das können wir von unseren Babys lernen. Ich erinnere mich daran, dass meine Tochter unbedingt selbst einen Chip in den Schlitz des Kindereinkaufswagens schieben wollte, doch das gelang einfach nicht. Ein Jahr später war es für sie vollkommene Routine.

Entwicklung braucht Zeit und Übung. Um Laufen zu lernen üben Babys von Geburt an. Zunächst rudern sie scheinbar ziellos mit ihren Ärmchen und Beinchen, bauen Muskulatur und Kraft auf, um sich irgendwann zu drehen. Aus dem Bauch trainieren sie weiter bis sie sich irgendwann aufrichten. Unzählige Male plumpsen sie wieder hin und stehen auf bis sie sicher stehen können und dann loslaufen. Das ist Lernen. Vertraue also auf die Kompetenzen deines Kindes, seine Lust auf das Leben und biete ihm geborgene Freiheit in der das alles möglich wird.

Als neugeborene Eltern habt ihr viel zu tun, wenig Schlaf und das ganze bunte Leben bei euch zu Hause. Auch hier könnt ihr von euren Babys eine Menge lernen. Über den ganzen Tag verteilt machen sie kleine Schläfchen und größere Kuschelpausen. Da könnt ihr einfach mitmachen. Legt euch mit eurem Kleinen hin und genießt die Erholung. Wenn euer Baby sich nicht ablegen lässt, wickelt es sicher in ein Tragetuch und macht einen langsamen Spaziergang, die frische Luft pustet unruhige Gedanken aus dem Kopf. Auch wenn zu Hause der ganze Haushalt auf euch wartet sind Pausen gerade jetzt besonders wichtig. In der Ruhe trifft man gesündere Entscheidungen und erholt gehen einem die täglichen Aufgaben leichter von der Hand.

Wenn ihr Menschen in eurer Nähe habt denen ihr euer Kind stundenweise anvertrauen könnt, das heißt, die eure Werte und die Bedürfnisse eures Kindes ernst nehmen, dann gönnt euch Zeit für euch selbst. Ohne schlechtes Gewissen dürft ihr die Auszeit von der großen Verantwortung des Elternseins genießen. Gerade an Mütter werden horrende Ansprüche gestellt. Verausgabt euch nicht. Euch muss es gut gehen, damit es auch eurem Kind gut gehen kann. Wenn es bedeutet, dass es mal eine Stunde bei einer anderen ihm vertrauten Person verbringt, habt ihr schon einen Weg gefunden euch zu erholen und könnt anschließend gestärkt wieder neu mit eurem Kind in Verbindung kommen.

Zum Ende dieses Abschnitts möchte ich dir noch etwas Mut mit in deinen Alltag geben. Führe dir vor Augen, dass du nicht alleine bist mit Chaos und Ratlosigkeit. Jede Mutter und jeder Vater kommt irgendwann an persönliche Grenzen. Wir alle geben unser Bestes, jeden

Tag. Es gibt Momente oder ganze Tage an denen einfach nichts gelingt. Dann zweifeln wir und stellen einiges bis alles in Frage. Wie wir unsere Kinder erziehen, was wir ihnen vorleben, vielleicht sogar die Entscheidung überhaupt Kinder bekommen zu haben. Das alles darf sein. Jeder Mensch hat ein gewisses Maß an Kraft, Ausdauer und Zuversicht und manchmal bräuchte man die doppelte Menge, um den Familienalltag auch nur ansatzweise zu überstehen. Gestalten ist in solchen Zeiten pures Wunschdenken. Alles was in diesen Momenten zählt ist anzunehmen was ist, dein schreiendes Kind, die musternden Blicke der Passanten, das Gefühl in dir zu versagen. Lass es sein wie es gerade ist, atme durch und geh deinen Weg.

Ein ruhiger Start in den Tag bringt dich viel leichter durch komplizierte Situationen im Tagesverlauf. Mit einer Meditation setzt du einen wohltuenden Impuls in den Morgen, der dich stärkt und ausgeglichen fühlen lässt. Gerade bei neugeborenen Eltern wird der Tagesbeginn jedoch durch einen kleinen, aber sehr lauten Wecker eingeläutet. Verschlafen wendet man sich seinem Baby zu und nimmt diesen geistigen Dämmerzustand mit durch die kommenden Stunden. Wenn es im Verlauf des Tages einen ungestörten Moment für dich gibt, zum Beispiel während dein Baby seinen Mittagsschlaf hält, gönne dir einen stärkenden Moment für dich. Die nun folgende Achtsamkeitsmeditation dauert nur 5 Minuten und wird dir für den Rest des Tages eine angenehme Ausgewogenheit und Zentriertheit bringen.

Übung: „Achtsamkeit"

Zeit: 5 Minuten

Das brauchst du: einen ruhigen Ort und eine brennende Kerze

Stell eine brennende Kerze vor dir auf den Tisch, so dass du mit gerade ausgerichtetem Kopf in die Flamme schauen kannst.

Nimm eine bequeme Sitzhaltung ein, auf einem Stuhl oder auf dem Boden. Richte deine Wirbelsäule von der Wurzel her auf, so dass du in dieser Position eine Weile stabil und ausgewogen sitzen kannst. Leg nun deine Hände mit den Handflächen nach unten auf die Oberschenkel. Lass noch einmal bewusst deine Schultern sinken.

Richte deinen Blick nun auf die Kerzenflamme, sie wird in den kommenden Minuten dein Ankerpunkt sein zu dem du immer wieder zurückkommen kannst, wenn dich etwas abgelenkt hat. Bleib mit deiner ganzen Aufmerksamkeit bei den Bewegungen dieses Lichts. Wenn

Gedanken oder Gefühle in dir aufsteigen, betrachte sie kurz und setze sie dann auf eine Wolke, so dass sie vorüberziehen können. Konzentriere dich anschließend wieder auf die Kerzenflamme.

Wiederhole die Übung so oft es gerade nötig ist. Bleib wohlwollend mit dir, auch wenn hundert Gedanken dich ablenken und kehre ganz in Ruhe hundertmal mit deiner Aufmerksamkeit zu der Flamme zurück.

Wenn du magst, kannst du nach einer Weile deine Augen schließen, dir die Kerzenflamme vorstellen und auf diese Weise weiter meditieren.

Dann komm langsam zurück von deiner inneren Reise (und öffne sanft deine Augen).

4.3 Partnerschaft 2.0

„Es gibt Wichtigeres im Leben,
als beständig dessen Geschwindigkeit zu erhöhen."
(Mahatma Gandhi)

Bisher gab es euch beide mit euren jeweiligen Tagesabläufen, wiederkehrenden Jahresereignissen, wie Geburtstage, Familienfeiern, Urlaube, und gut-erprobten Alltagsroutinen. Ihr wart zeitlich flexibel, konntet spontane Verabredungen treffen, gemeinsame Absprachen auch mal umwerfen und am Wochenende völlig frei in den Tag hineinleben. All das wird sich nun verändern. Manches davon bleibt wichtig, besonders die Flexibilität, findet nun jedoch in einem völlig neuen Kontext statt. Der Tagesablauf wird sich für denjenigen deutlich ändern, der hauptsächlich die Fürsorge für euer Baby übernimmt. Wiederkehrende Jahresereignisse werden um mindestens ein wunderbares erweitert, den Geburtstag eures Kindes. Alltagsroutinen gibt es zunächst nicht, hier kommt die zeitliche Flexibilität ins Spiel und wird unweigerlich um eine geistig-organisatorische Flexibilität erweitert. Denn trotz noch so guter Vorbereitung und Überlegungen was euer Kleines braucht und wie ihr den Tag gestalten wollt wird es ganz, ganz oft Unvorhersehbares geben, das eure gesamte Planung umwirft und spontane Entscheidungen fordert.

In dem ganzen Neuorientieren der ersten Zeit ist es wichtig, dass ihr euch möglichst viel miteinander austauscht. Dabei geht es auch um die Erlebnisse des Tages mit eurem Baby, die der berufstätige Elternteil während seiner Abwesenheit nicht mitbekommen hat. Vielmehr geht es in der Anfangszeit jedoch darum zu überlegen, wie ihr tatsächlich als Eltern sein wollt, welche LebensWerte ihr gestalten, was ihr eurem Kind mitgeben möchtet. Ideen dazu habt ihr ja bereits vor der Geburt gesammelt, wenn ihr dazu die im Kapitel 2.4 „(Über-)Lebensmittel für Mama und Papa" gestellten Fragen für euch beantwortet habt. Nun geht es in die konkrete Umsetzung, indem ihr das bisher Erlebte, eure bis hierhin gesammelten emotionalen Eindrücke betrachtet und dann schaut, ob das zu dem passt was ihr euch vorher überlegt habt. Passen die Ideen von vor der Geburt zu unserer tatsächlichen Lebensrealität? Falls es so ist, dann schaut gemeinsam, ob ihr diese schon in der Fülle lebt wie ihr das möchtet oder wo es noch Erweiterungsmöglichkeiten gibt. Falls nicht, stellt euch die Frage, was brauchen wir an dieser Stelle und was eben einfach nicht. Bleibt in diesem ganzen Prozess sanft und wohlwollend mit euch. Es geht darum euer Leben als ElternPaar zu gestalten, statt es so zu machen wie man es halt macht und dabei unzufrieden zu sein. Keinesfalls solltet ihr Druck aufbauen, den bekommen Eltern häufig schon zur Genüge von außen. Ihr seid nun Eltern UND ihr seid weiterhin ein Paar. Beide Anteile tragt ihr stets in euch und beide brauchen Entwicklungszeit und -raum, jetzt und weiterhin.

In der Anfangszeit eurer NeuElternschaft können Rituale eine beruhigende und angenehme Sicherheit bringen. Es sollen nette Feinheiten sein, die ihr problemlos in euren unplanbaren Alltag integrieren könnt. Ein erster Ansatz kann die Überlegung sein, welche gemeinsamen Routinen ihr vor der Geburt miteinander gelebt habt, die euch gut getan haben. Vielleicht war es das abendliche Kuscheln auf der Couch, die morgendliche Abschiedsumarmung oder das gemeinsame Kochen am Wochenende. Was davon würde euch im Moment ganz besonders stärken? Was passt im Moment in euren Tagesablauf? Statt zusammen zu kochen könnt ihr euch zum Beispiel etwas Leckeres bestellen. Wenn ihr zu müde für die Couch seid, kuschelt euch im Bett aneinander. Habt aber auch Verständnis für einander, wenn sich die körperliche Nähe nach diesem intensiven Ereignis für den Moment noch komisch anfühlt oder für einen von euch gerade nicht passt. Sprecht darüber, entdeckt neue Rituale und lebt sie miteinander. Das stärkt eure Paarbeziehung, bringt Ruhe und schenkt damit auch eurem Kind zufriedene Eltern.

Neben den PaarRitualen könnt ihr euch auch Familienrituale überlegen. Manche davon ergeben sich vielleicht einfach aus dem Bauch heraus, andere überlegt ihr euch bewusst, weil es in eurer Vorstellung schön ist. Lasst euch hierbei ruhig auch von den Ideen anderer Menschen inspirieren. Ihr müsst das Rad nicht neu erfinden, nur passend zu eurem Vehikel umbauen. Rituale sind etwas Wohltuendes mit dem man die gemeinsame Zeit verbringt. Sie können zu mehr Ruhe und Ausgeglichenheit für euer Kind führen sollten aber nicht in erster Linie als pädagogische Maßnahmen genutzt werden. Nach dem Motto, wenn ich das immer so und so mache, dann reagiert mein Kind auf genau diese Weise. Kinder funktionieren nicht und das ist eine von vielen ihrer genialen Eigenschaften. Sie sind kompetente kleine Wesen, die wiederkehrende Erlebnisse brauchen und genießen. Dennoch reagieren sie ihrer Tagesform entsprechend darauf. Es ist nicht vorhersehbar was nach einem Abendritual geschieht. Vielleicht schläft euer Baby währenddessen oder danach friedlich ein, möglicher Weise ist es von einem Tageserlebnis noch aufgewühlt oder sein kleiner Körper kämpft gegen einen entstehenden Infekt an, so dass es quengelig und unruhig ist. Ein Ritual gibt euch Halt und Struktur besonders in einer Zeit des Umbruchs und der Unvorhersehbarkeit, die mit Kindern ein Leben lang anhält. Genießt es als einen Ankerpunkt im Trubel des Familienalltags, aber knüpft keine Erwartungen daran. Es ist eine vertraute Zeit für euch, die ihr genießen dürft. Fühlt euch dabei völlig frei zum Ausprobieren. Was sich gut anfühlt, behaltet ihr. Was nicht zu euch passt, wird sein gelassen. Das dürft ihr jetzt und in Zukunft.

Beziehung neu gestalten heißt nach der Familienerweiterung auch Aufgaben neu zu verteilen. Bisher wart ihr beide berufstätig, habt täglich eine bestimmte Zeit gearbeitet und monatlich eine bestimmte Anerkennung in Form von Geld erhalten. Für den Elternteil, der nun hauptsächlich für euer gemeinsames Kind sorgen und damit Art und Umfang seiner bisherigen Berufstätigkeit deutlich verändern wird bedeutet dies eine besondere Umstellung. Im Jahr 2018 bekamen 1,4 Millionen Mütter und 430.000 Väter in Deutschland Elterngeld. Demnach übernehmen Frauen weiterhin einen Großteil der Familien- und Erziehungsarbeit. Wer von den beiden Elternteilen eine Weile zu Hause bleibt, ist eine ganz persönliche Entscheidung, die jedoch häufig auch vor dem Hintergrund des unterschiedlichen Einkommens von Frauen und Männern getroffen wird. Alleine die Diskussion um den Gender Pay Gap, also die geschlechtsspezifischen Lohnunterschiede, könnte mehrere Seiten füllen. In diesem Abschnitt soll es jedoch um die Neuausrichtung und Gestaltung einer Eltern- und Partnerschaft auf Augenhöhe gehen. Daher unterscheide ich hier zwischen Familien- und Erwerbsarbeit, wobei, laut den oben genannten Zahlen, die erstere hauptsächlich von den Müttern und die letztere größtenteils von den Vätern ausgeführt wird.

Während für den weiterhin unverändert berufstätigen Elternteil, nach ein paar Wochen Urlaub oder kurzer Elternzeit, der Arbeitsalltag weitgehend erhalten bleibt beginnt für den Partner, der für die Familienarbeit zuständig ist, ein komplett neuer Aufgabenbereich mit unbekanntem Tagesablauf. Meist ist es die Mama, die sich um euer Kleines und die Familienaufgaben kümmert. Auf sie warten ganz neue Tätigkeiten. Dazu gehören unter anderem Babypflege, Freizeitgestaltung, Haushaltsaufgaben wie Kochen und Waschen, Terminabsprachen für Arztbesuche und ganz besonders die Gestaltung einer emotional sicheren Verbindung mit eurem Sonnenschein. Mütter erfüllen damit Tätigkeiten aus vielen Berufsfeldern. Jeden Tag leisten sie Familienarbeit als Erzieherin, Taxifahrerin, Krankenschwester, EventManagerin und decken noch unzählige weitere Berufsfelder ab. Das alles übernehmen sie unentgeltlich für eure gemeinsame Familie. Die Familienarbeit von Frauen ist unendlich wertvoll und zutiefst schätzenswert. Mütter leisten einen wichtigen Beitrag ohne den die Väter in ihrem Beruf nicht weitermachen könnten wie bisher. Ihre Arbeitszeit und -kraft setzen sie dabei ohne geregelte Pausen oder bezahlte Urlaubstage ein. Genug Gründe also, um euch in eurer Partnerschaft auf Augenhöhe zu begegnen. Erwerbsarbeit ist nicht wichtiger als Familienarbeit nur weil sie bezahlt wird und sich damit finanziell abbilden lässt.

Sprecht an der Stelle darüber, wie ihr nun als Familie mit dem gemeinsamen Einkommen umgehen wollt. Viele Paare hatten vor der Geburt des gemeinsamen Babys getrennte Konten. Nun darf die Mutter durch ihre reduzierte Erwerbs- und hauptsächliche Familienarbeit nicht in eine finanziell unangenehme Situation gelangen. Überlegt also miteinander wie ihr einen Rahmen schafft in dem eure Geldangelegenheiten für beide Partner und eure Familie gut geregelt sind.

Auch wenn ein Elternteil erst mal nicht berufstätig ist, sondern zu Hause für eure Familie sorgt und scheinbar den ganzen Tag Zeit hat schaut die Realität anders aus. Füttern, Wickeln, Schukkeln und schon sind drei Stunden herum. Für Haushalt bleibt da oft keine Zeit oder Kraft. Je nach Tagesform eures Kindes braucht Mama oder Papa auch tagsüber mal ein Stündchen Schlaf. Daher werden mit Sicherheit einige Aufgaben liegenbleiben, die ihr bisher in kurzer Zeit erledigen konntet. In einem ersten Schritt solltet ihr also eure bisherigen Maßstäbe an Sauberkeit und Ordnung neu ausrichten. Die Frage dazu lautet: Wie viel Aufgeräumtheit und Struktur braucht ihr in eurem Leben? Was davon ist aktuell machbar ohne euch abzurackern? Überlegt jeder für sich und gemeinsam was euch wichtig ist und denkt anschließend darüber nach wie ihr diese Aufgaben aufteilen wollt. Achtet darauf realistische Zeiten mit Puffer einzubauen und schaut im Alltag, ob diese haltbar sind oder angepasst werden müssen.

Wenn ihr euch die Zeit einräumt, eure alltäglichen Aufgaben in Ruhe zu erledigen und dabei noch die täglichen Unwägbarkeiten im Familienleben berücksichtigt, habt ihr gute Chancen deutlich gelassener zu bleiben und weniger schnell zu erschöpfen. Bedenkt dabei, dass euer Alltag nun nicht mehr vergleichbar ist mit dem vor der Geburt eures Babys und ihr selten ungestört eine Aufgabe am Stück erledigen könnt. Ihr seid beide Eltern und habt euch gemeinsam für ein Familienmodell entschieden. Nun gilt es dieses nach euren individuellen und gemeinsamen Bedürfnissen zu gestalten, es auch zu verändern, wenn ihr das gerade braucht oder wollt.

Beziehungen finden in einem ständigen Prozess und innerhalb eines sich stetig verändernden Kontextes statt.

Das heißt einmal getroffene Entscheidungen sind nicht in Stein gemeißelt, sondern brauchen hin und wieder eine Überprüfung, ob sie euch noch dienen oder nur aus Gewohnheit weiterbestehen. Gerade vor dem beruflichen Wiedereinstieg der Mutter muss das mit Sicherheit nochmal geschehen. Verlässlichkeit bei jeglichen Absprachen ist dabei auf beiden Seiten besonders wichtig. Wenn ihr vorher spontan eine Vereinbarung mit eurem Partner nicht eingehalten habt, war das ärgerlich, aber euer Partner beziehungsweise eure Partnerin konnte völlig frei entscheiden wie er oder sie damit umgeht. Als Familie betrifft eine Unzuverlässigkeit in diesem Bereich euren Partner doppelt. Kommst du zum Beispiel zu spät nach Hause, obwohl deine Partnerin sich nach einer gefühlten Ewigkeit endlich nochmal zum Mädels-Abend mit ihrer besten Freundin verabredet hat, ist sie durch euer gemeinsames Kind auf deine Zuverlässigkeit angewiesen und an ihre Verantwortung gebunden. Du solltest dem entsprechend deine Verantwortung genauso wichtig nehmen, da sonst schnell ein Ungleichgewicht in eurer Partnerschaft entstehen kann. Daraus resultierende Unstimmigkeiten würde früher oder später auch euer Kind mitbekommen und das wollt ihr bestimmt beide nicht.

Seid also verbindlich und beginnt damit schon bei den Absprachen. Wenn ihr nicht sicher seid eine Zusage einhalten zu können, dann sagt nicht zu. Überlegt gleichzeitig eine Alternative, um eure Beziehung ausgewogen zu halten. Gespräche sind auch hier die Essenz für ein gutes Miteinander und gegen Missverständnisse. Ihr bewegt euch tagsüber in ziemlich unterschiedlichen Welten. Wenn ihr euch abends wieder begegnet, braucht es einen Moment, um in die gemeinsame Welt zurückzufinden. Seid behutsam und verständnisvoll miteinander, jeder hatte in seinem Tagesverlauf andere Begegnungen zu gestalten, Aufgaben zu erledigen oder Probleme zu lösen. Erzählt dem anderen von eurem Tag und konzentriert euch dabei auf das was euch wirklich bewegt hat oder gerade noch beschäftigt. Wenn ihr mal zu müde zum Erzählen seid, nehmt euch einfach in den Arm, atmet gemeinsam durch und findet auf diese Weise in die Zeit miteinander und eure Nähe zurück.

Müdigkeit und Erschöpfung führen zu einer empfundenen Ausweglosigkeit. Selbst kleine Ereignisse und Aufgaben wachsen dann zu Bergen heran. Haltet euch, wenn der Boden unter den Füßen zu wanken scheint. Es wird alles gut. Ihr werdet euren Weg finden. Durch ein neues Miteinander, schöne Rituale und einen befreienden Austausch.

Übung: „Erstes Date als ElternPaar"

Zeit: zwei Stunden

Das brauchst du: einen Menschen mit dem euer Baby sich wohlfühlt

Wenn ihr ein tolles Großelternpaar oder andere euch nahestehende Menschen habt mit denen euer Baby sich wohlfühlt, verabredet einen Abend an dem ihr beide als Paar ausgehen könnt. Zuerst mag sich die längere und noch unbekannte Trennungssituation von eurem Kleinen komisch anfühlen. Versucht trotzdem die Zeit miteinander zu genießen. Vielleicht könnt ihr euer Baby noch in den Schlaf kuscheln und dann das Haus verlassen in dem Wissen, dass eine ihm vertraute Person da sein wird falls es aufwacht.

Auch wenn die Aussicht auf einen gemütlichen CouchAbend noch so verlockend erscheint wird es euch beiden gut tun euch in einem anderen Umfeld als der Familienhöhle zu begegnen. Macht euch schick und wählt ein Restaurant in eurer Nähe. So seid ihr nicht weit weg falls euer Baby nach euch verlangt und habt mehr Zeit miteinander.

Sprecht über das was euch beschäftigt, über Veränderungen, wie ihr sie erlebt, und gestalten wollt. Wo bist du gerade? Was bewegt mich im Moment? Wo sind wir beide miteinander? Erzählt euch auch einfach mal Quatsch, ein lustiges BabyErlebnis oder eine Anekdote vom schrägen Kollegen aus der Mittagspause. Lacht miteinander und lasst wieder Leichtigkeit in eurer Beziehung zu.

Noch ein Tipp: Wenn ihr oder euer Kind noch nicht bereit seid euch für eine Weile voneinander zu trennen, dann nehmt euer Baby mit. Unsere erste Tochter hat sich im Tragetuch total geborgen gefühlt und ist prima darin eingeschlafen während ich mit meinem Mann beim Italiener gegessen habe.

5. Bodylicious

„Verweile nicht in der Vergangenheit,
träume nicht von der Zukunft.
Konzentriere dich auf den gegenwärtigen Moment."
(Buddha)

In den vergangenen neun Monaten hat dein Körper eine unglaubliche Wandlung durchgemacht. Deine dir bis dahin seit Jahren vertrauten Proportionen haben sich im Verlauf der Schwangerschaft ständig verändert, sind voller und weicher geworden. Mit der Zeit hat dein Körper seine Fruchtbarkeit auch nach außen hin deutlich gemacht, indem deine Brüste größer geworden sind und dein Bauch sich gewölbt hat. Jeder Tag brachte neue Veränderungen und andere Proportionen mit sich an die du nie wirklich Zeit hattest dich zu gewöhnen, weil sie im nächsten Augenblick schon wieder andere waren als noch kurz zuvor. Einen derart intensiven Wandel in so kurzer Zeit zu durchleben fordert auch auf der emotionalen und mentalen Ebene eine enorme Flexibilität. Nun ist dein Kind auf der Welt und du bist mit deinem Körper wieder alleine. Manche NeuMamas empfinden diese innere Leere als Verlust, andere sind froh wieder ein Stück weit für sich sein zu können. Wie geht es dir damit? Genießt du deine Freiheit, bist nun losgelöst von der alleinigen Verantwortung für den kleinen Untermieter oder die kleine Untermieterin? Sehnst du dich zurück nach den Kindesbewegungen in deinem Bauch? Alles ist möglich und auch gemischte Gefühle dürfen sein. Es ist eine Umstellung wieder für sich zu sein und dennoch in einem ganz anderen Körper als vor der Schwangerschaft, mit neuen Bewusstheiten über dich und das Leben.

In den folgenden Abschnitten geht es darum wie du in deinen neuen Körper findest, was dir als Mutter wichtig ist, warum der Vergleich mit anderen Müttern und ihren Kindern nur unglücklich machen kann und wie du dein Leben als Frau mit Kind gestalten willst. Ich wünsche dir dabei Zuversicht, Mut und ganz viel Lust auf dein einzigartiges Leben.

5.1 Mama ist wunderschön

„Wir sind was wir denken.
Alles, was wir sind, entsteht aus unseren Gedanken."
(Buddha)

Jede Gemeinschaft hat ihre eigene Vorstellung von der weiblichen Schöpferkraft. Aus der engen Naturverbundenheit der Menschen früherer Tage entstanden Erdgöttinnen. Sie wurden für ihre Weiblichkeit verehrt, als Gottheiten, die Wachstum, Nahrung und Leben für alle hervorbringen. Als Figuren oder in Bildern wurden sie erhaben und würdevoll dargestellt, mit aufrechter Haltung, entschlossen vorgerecktem Kinn, auf dem Kopf eine Krone, umgeben von Licht. Oder mit wilden Haaren in der Natur stehend, mit körperlichen Rundungen, manchmal großen Brüsten und breiten Hüften. Starke, kraftvolle Persönlichkeiten, die sicher ihren Platz eingenommen hatten, Präsenz und Charakter zeigten.

Im genauen Gegensatz dazu sind wir heute in Zeitschriften oder durch SocialMedia umgeben von Frauen in gestellten Posen, mit glattgezogenen Gesichtern und gestählten Körpern. Meist wurden solche Bilder vor ihrer Veröffentlichung noch gephotoshopt. Sie bilden also keine Realität ab, sondern ein vermeintliches Idealbild einer perfekten Frau. Dabei reichen sogar die durchtrainierten Körper und ebenmäßigen Gesichter der abgebildeten Models nicht aus, um eins zu eins abgedruckt zu werden. Selbst sie bedürfen noch der Überarbeitung und werden damit zu Mängelexemplaren degradiert.

Die bildliche Entfremdung von unserer natürlichen Weiblichkeit zeigt sich auch im Berufsleben, das an vielen Stellen immer noch männerdominiert ist. Über die Jahre hinweg haben Frauen sich optisch und charakterlich angepasst, um überhaupt eine Chance auf berufliche Teilhabe zu erhalten. Betrachtet man zum Beispiel die Kleidung von Politikerinnen oder anderen weiblichen Führungskräften, gehören Hosenanzüge zur Tagesordnung. Darin spiegelt sich die Uniformierung der Berufswelt in eine vermeintliche Ebenmäßigkeit der Geschlechter.

Dabei braucht Gesellschaft beide Kräfte, die weibliche ebenso wie die männliche mit all ihren Attributen, die sich in jedem Menschen in unterschiedlichen Anteilen wiederfinden. Wir brauchen wilde Mädchen, zarte Jungs, intuitive Frauen und sachliche Männer als ergänzende Energien in unserer Welt. Wir brauchen Sanftheit und Kraft, Kreativität und Struktur, Aufbruch und Pause für eine wohltuende Balance im Leben. Seit jeher werden bestimmte Eigenschaften eher den Männern oder mehr den Frauen zugeschrieben. Unabhängig von seinem Geschlecht vereint jedoch jeder Mensch verschiedene Anteile in sich.

Im Hinduismus wird Shakti als die weibliche Urkraft des Universums bezeichnet, die sich in den vielen indischen Göttinnen manifestiert. Eine Energie, die für die Entstehung von Leben steht, für Schaffenskraft aus der schließlich die Welt hervorgeht. Die indischen Göttinnen in denen Shakti sich manifestiert bilden in Verbindung mit ihren göttlichen Partnern eine Balance. Ihre unterschiedlichen charakterlichen Anteile und persönliche Eigenschaften ergänzen sich gegenseitig.

Jeder Mensch erlebt in seinem Leben Momente in denen ein bestimmter Part überwiegt. Manchmal ist man ganz zart, dann wieder ausgesprochen kraftvoll, in der einen Situation ist man introvertiert, in einer anderen wiederum sehr offen. Es ist eine wunderbare Möglichkeit unseres Geistes derart wandelbar zu sein. Wir sollten es wertschätzen und zulassen statt nach außen unentwegt stark und unangreifbar wirken zu wollen. Das ist furchtbar anstrengend und nicht authentisch. Es hält uns von dem fern wer wir wirklich sind, von unserer unendlichen Fülle und von so mancher Begegnung mit Potenzial zu einer erstaunlichen Tiefe.

Während deiner Schwangerschaft waren die weichen, zarten Anteile in dir äußerst präsent. Unter der Geburt kam dann deine kraftvolle, gestaltende Seite zum Tragen. Nun gilt es, deine innere Balance wiederzufinden beziehungsweise eine neue Mitte in dir zu entdecken. Mach dich in deinem Tempo auf den Weg dorthin. Es wird dauern, es wird Tage geben an denen du dich ausgeglichen fühlst und andere Zeiten in denen du ein Dauerticket für deine innere emotionale Achterbahn gezogen hast. Lass es da sein wie es gerade ist und hab Geduld mit dir, deiner Seele und deinem Körper, damit ihr wieder zueinander finden könnt.

Eine große Hilfe für innere Akzeptanz ist Dankbarkeit. Wenn wir uns bewusst machen was wir alles Wunderbars in unserem Leben haben, welchen Reichtum wir besitzen, was uns Gutes widerfahren ist, öffnet das den Blick für die Fülle in der wir bereits sind. Dass unsere Körper derart schöpferische Akte wie das Heranwachsenlassen und die Geburt eines Kindes durchstehen konnten ist faszinierend. Wollen wir uns nun wirklich von vermeintlichen Schönheitsvorgaben einschüchtern lassen? Unser Körper, der den überwältigenden Kraftakt vollzogen hat neues Leben in die Welt zu bringen mit

Diäten und Fitnessübungen stressen statt ihn ausruhen und in seinem ureigenen Rhythmus regenerieren zu lassen? Statt dir nun den Stress zu machen möglichst bald wieder „in shape" zu kommen, den perfekten „AfterBabyBody" zu gestalten, um wieder „sociable" zu werden, lass den ganzen Mist, der dir von so genannten Frauenmagazinen und dem Internet eingetrichtert wird los. Deinen perfekten „AfterBabyBody" hast du bereits, er ist weich, gerundet und wunderschön so wie er gerade in diesem Moment ist. Fast zehn Monate der körperlichen und mentalen Veränderung liegen hinter dir. Gönne dir nun mindestens genauso lange Zeit, um dich neu einzurichten in deinem sich weiter verändernden Körper und deiner zarten NeuMamaSeele.

Auch wenn es gerade nicht die Körperproportionen sind mit denen du dich dauerhaft wohlfühlen kannst, ist es dennoch dein Körper in dem deine Seele ihr Zuhause hat. Nimm ihn liebevoll an so wie er gerade ist und lass Dankbarkeit in dir zu für deinen gerundeten, weichen Körper und seine Fähigkeit ein Kind auszutragen. Versuche dich in Geduld zu üben während du zurück zu dir findest. Entwicklung braucht Zeit für die in diesen hektischen Tagen kaum Platz ist. Außer im Verlauf einer Schwangerschaft, da gibt es einfach keine Möglichkeit zur Beschleunigung, denn die Natur kennt keine Eile.

Übung: „Dankbarkeit"

Zeit: 7 Minuten

Das brauchst du: einen ruhigen Ort

Nimm eine bequeme Sitzhaltung auf einem Stuhl oder auf dem Boden ein. Richte deine Wirbelsäule von der Wurzel her auf, so dass du in dieser Position eine Weile stabil und ausgewogen sitzen kannst. Leg nun deine Hände mit den Handflächen nach unten auf die Oberschenkel. Lass noch einmal bewusst deine Schultern sinken und deinen Atem völlig unbeeinflusst kommen und gehen.

Bleib für einige Atemzüge mit deiner ganzen Aufmerksamkeit bei deinem Atemfluss. Lass aufkommende Gedanken oder innere Monologe immer wieder bewusst los und finde zum Kontakt mit deinem Atem zurück.

Stell dir bei deiner nächsten Einatmung vor, wie du in deinen gesamten Körper ein tiefes Gefühl von Dankbarkeit atmest. Mit der Ausatmung lässt du alle Erwartungen los. Atme Dankbarkeit ein, lass Erwartungen los. Deine Atemtiefe oder -länge bleiben davon unbeeinflusst. Lass den Atem kommen und gehen wie er gerade ist und wiederhole noch einige Male mit einer liebevollen Achtsamkeit.

Dann lass die Übung los und spüre nach. Wie fühlst du dich? Gibt es Bereiche in deinem Körper in denen du noch einen Widerwillen gegen das Annehmen spürst? Nimm es wahr ohne es zu beurteilen oder verändern zu wollen.

Wenn du magst, wiederhole die Übung und das Nachspüren.

Dann komm langsam zurück von deiner inneren Reise und öffne sanft deine Augen.

Viel zu selbstverständlich gehen wir mit einer gnadenlosen Härte und absoluten Unbarmherzigkeit mit uns selbst ins Gericht, sagen uns in einem inneren Monolog immer wieder alles vor was uns angeblich mangelhaft, belanglos oder sogar verachtenswert macht. In unserer bisherigen Stabilität mit bekannten Tagesabläufen und der Möglichkeit strikten Einfluss auf die Proportionen unseres Körpers zu nehmen konnten wir die kleinen Unzufriedenheiten mit uns selbst noch aushalten. Bei einer weiteren Abweichung davon, die durch die emotionalen und körperlichen Veränderungen der Schwangerschaft unübersehbar wurden, kann dann das Bild vom eigenen „NochOkaySein" zusammenbrechen. Kleinere Irritationen in unseren persönlichen Eigenschaften oder in der körperlichen Erscheinung, mit denen wir uns scheinbar arrangiert hatten, brechen nun in ihrer geballten Schande über uns herein. Das nach außen hin perfekte Abbild eines Menschen, der immer alles schafft und sein Leben regelt beginnt im Moment des Mutterwerdens zu bröckeln. Oft haben wir solche Hasstiraden über Jahre wiederholt und sie sind damit zu unserer Gewohnheit geworden, zu einer Art von Normalität im Umgang mit uns selbst. Derart antrainierte Methoden haben sich in unserem Unterbewusstsein verfestigt und begleiten uns Tag für Tag. Doch sie können auch wieder umgelernt werden in einen wohlwollenden

Umgang mit uns selbst. Der erste Schritt dazu ist sich überhaupt darüber bewusst zu werden wie man mit sich spricht und welche Eigenschaften man sich damit immer wieder zuschreibt.

Nimm dir dazu einige Minuten Zeit und etwas zum Schreiben. Wenn es dir gut tut, schließe kurz deine Augen, atme durch und hör dir zu wie du mit dir sprichst, welche abwertenden Gedanken zu dir kommen, welchen beschämenden Monolog du mit dir führst. Schreib alles auf was du dir den ganzen Tag über erzählst. Wenn du fertig bist, atme noch einmal durch und lies es dir laut vor. Frage dich anschließend, ob du so mit deinem Kind oder deiner besten Freundin sprechen, ob du sie ebenso gnadenlos antreiben und demütigen würdest wie dich selbst. Natürlich fühlst du dich nicht wie der wunderbarste Mensch der Welt, wenn du dir den ganzen Tag erzählst wie blöd, unbedeutend oder lächerlich du doch eigentlich bist. Wenn du das Gefühl wertvoll zu sein im Moment nicht selbst in dir erwecken kannst, dann betrachte dein Baby. Für dein Kind bist du der kostbarste Mensch auf der ganzen Welt. Es betrachtet dich voller Liebe, ist fasziniert von deinem Gesicht, fühlt sich an deinem Körper sicher und geborgen. Für dein Kind bist du das Zentrum seines Universums, eine unfehlbare Göttin. Schreibe nun einen Brief an dich selbst aus dem Gefühl heraus geliebt zu sein wie du gerade bist. Du kannst auch kurze Kraftsätze formulieren in denen du deine Stärken zum Ausdruck bringst, zum Beispiel: „Ich bin mutig. Ich nehme mir die Zeit, die ich brauche. Ich darf zart sein." Du kannst den Brief immer wieder hervorholen und durchlesen, wenn du wieder an dir zweifelst oder in die alte Gewohnheit des erniedrigenden Monologs verfällst.

Führe dir noch einmal bewusst vor Augen, dass auch du eine Erdgöttin bist, die Nahrung gegeben, Wachstum ermöglicht und neues Leben geschenkt hat. In der folgenden Übung darfst du dein inneres Leuchten erleben und in dein Leben als neugeborene Frau und Mutter lassen.

Übung: „Das Leuchten in dir"

Zeit: 10 Minuten

Das brauchst du: einen ruhigen Ort

Nimm eine bequeme Sitzhaltung auf einem Stuhl oder auf dem Boden ein. Richte deine Wirbelsäule von der Wurzel her auf, so dass du in dieser Position eine Weile stabil und ausgewogen sitzen kannst. Leg nun deine Hände mit den Handflächen nach unten auf die Oberschenkel. Lass noch einmal bewusst deine Schultern sinken und deinen Atem ganz natürlich kommen und gehen.

Begib dich auf eine Reise durch deine Wirbelsäule. Beginne an ihrem unteren Ende beim Steißbein und konzentriere dich darauf. Dann richtest du deine Aufmerksamkeit auf das darüber liegende Kreuzbein und wanderst in deinem Rhythmus nun Wirbel für Wirbel weiter nach oben. Wenn du an deinem obersten Nackenwirbel angelangt bist, stell dir am unteren Ende der Wirbelsäule ein warmes, leuchtendes Licht vor, das sich in deinem Steißbein befindet. Mit jeder Einatmung steigt dieses wohltuende Leuchten deine Wirbelsäule hinauf und fließt mit der Ausatmung wieder bis zum Steißbein hinunter. Bleib mit deiner ganzen Aufmerksamkeit bei diesem nährenden Licht innerhalb deiner

Wirbelsäule und wiederhole die Übung noch einige Atemzüge. Vielleicht erweitert sich dieses Leuchten über deine Wirbelsäule hinaus in deinen ganzen Rücken oder in weitere Teile deines Körpers.

Lass nun die Übung los und spüre noch eine Weile nach.

Dann komm langsam zurück von deiner inneren Reise und öffne sanft deine Augen.

5.2 Mutter werden, Mutter sein

„Geliebt zu werden, macht uns stark.
Jemanden zu lieben, macht uns mutig."
(Laotse)

Bevor unsere erste Tochter das Licht der Welt erblickte hatte ich eine ganz andere Vorstellung vom Muttersein als heute. Damals dachte ich, ich müsste Nähen können, um für mein Baby individuelle Klamöttchen zu schneidern. Damit machte ich mir einen unglaublichen Druck etwas zu erfüllen, das für mich nach Mütterlichkeit klang. Ich war davon überzeugt Freude an Näharbeiten entwickeln, besonders hochwertige Bastelarbeiten herstellen und üppige Fondanttorten zum Geburtstag kreieren zu müssen. Das hinderliche Wort daran ist „müssen" und die blockierende Haltung dahinter ist ein Perfektionszwang sich abzumühen etwas ganz besonders toll zu machen in der Hoffnung darin ein Gefühl von Richtigsein zu entdecken.

Inzwischen habe ich gemerkt, dass Nähen einfach nicht meins ist. Ich bastele gerne mit meiner Tochter, wenn wir beide Lust dazu haben. Wir überlegen uns dann spontan etwas und das wird auf seine ganz bunte, unkonventionelle und wilde Art wunderschön. Für ihre

Geburtstage überlege ich mir Motivtorten zu den Themen, die sie gerade beschäftigen. Allerdings muss es dann nicht die perfekt geschnitzte Minnie Maus sein, sondern ich mache eine Schokotorte und dekoriere sie mit rosa Herzen und Glitzerkerze. Das ist mein Weg mit Freude etwas zu kreieren.

Bis dahin war es alles andere als leicht. Ich kann mich an kaum einen Zeitpunkt vor dem Mutterwerden erinnern an dem ich mit Leichtigkeit an etwas herangegangen bin. Immer hat mich unterbewusst die Erwartung begleitet alles perfekt und richtig machen zu müssen, weil es sonst wertlos war. Mir dann also zu erlauben nicht die tippitoppi Bastlerin zu sein, sondern eigentlich meist lieber mit meinem Kind die Natur zu erleben, klettern und toben zu können, Freude an der Bewegung zu haben, sich ohne Zielkonzept dem kreativen Tun hinzugeben, hat viel Mut gebraucht. In einer Gesellschaft, die geprägt ist von der Fokussierung auf ein Ergebnis und den Weg dorthin als notwendiges Übel betrachtet, fällt die Rückbesinnung auf das offene Werk und das freie Handeln, durch die eine seelische Gesundheit gestärkt wird, nicht leicht. Es ist ein Prozess zu dem wir in unserem neuen Aufgabenbereich als Mutter die Chance erhalten. Wir dürfen uns darin üben mit unserem Baby das Besondere im Moment zu entdecken und diese kostbare Achtsamkeit in unser gesamtes Leben zu integrieren. Übrigens bin ich von Anfang an total gerne mit meiner Tochter auf Kindersachenflohmärkte gegangen. Ich genieße es, dort einfach tolle Klamöttchen für sie zu finden, die ganz oft selbst genäht wurden, allerdings nicht von mir.

Vielleicht hast auch du bestimmte Ansprüche an dich selbst, die dir die Freude an dem nehmen was du tust. Oder du spürst Erwartungshaltungen von dir oder aus deinem Umfeld durch die du dich zu manchen, vermeintlich mütterlichen, Eigenschaften gedrängt fühlst, die jedoch nicht zu dir passen. Verbiege dich nicht und für niemanden. Lass dich von dem was andere Mütter oder Väter machen inspirieren, aber nicht unter Druck setzen. Jeder Mensch hat andere Fähigkeiten und Interessen. Wenn du dich mit deinem Kind durch Gesellschaftsspiele quälst, obwohl du viel lieber bastelst, dann habt ihr doch beide mehr davon das zu tun was euch wirklich Freude macht. Außerdem musst du deinem Kind nicht alles anbieten, du bist nicht alleinverantwortlich für die verschiedenen Eindrücke in seinem Leben. Vielleicht gibt es in deiner Familie einen Opa, der gerne mit eurem Kind werkelt, eine Tante, der es Freude macht zu nähen. Dein Kind wird seine Erfahrungen früher oder später ohnehin mit ganz verschiedenen Menschen machen. Du darfst getrost deinen Teil zu seinem Erleben beitragen ohne Anspruch auf Vollständigkeit.

Überlege dir einmal ganz bewusst was du von deinen persönlichen Interessen in das Zusammenleben mit deinem Baby einbringen möchtest. Fährst du vielleicht gerne Fahrrad oder magst es zu backen, spielst du ein Instrument oder arbeitest gerne im Garten? Wie könnt ihr beide etwas von dem was zu dir gehört und dich ein Stück weit als Mensch ausmacht gemeinsam erleben? Bring dich mit deinem ganzen Wesen, deinen Fehlern und Ideen in die Beziehung zu deinem Kind ein. Sei echt und frei und wunderbar. Entscheide dich bewusst für Dinge, die du mit deinem Baby erleben möchtest und nimm dir gleichzeitig ausreichend Freiraum für unverplante Zeit miteinander. Gerade in der Babyzeit brauchen Kinder auch Raum und Ruhe zum Verarbeiten der vielen neuen Eindrücke.

Jeder Mensch hat ganz eigene Qualitäten. Wenn man sich einmal auf den Weg gemacht hat die eigenen Fähigkeiten zu erkennen, kommt man an denen der anderen Menschen nicht mehr vorbei. Diese Kompetenz ist gerade bei Eltern wichtig, um die Fähigkeiten der Kinder zu erkennen und ihnen nicht die eigenen Träume oder falschen Erwartungen aufzudrängen. Es ist ein Segen, dass wir in einem Land leben in dem wir so viele für uns selbstverständliche Freiheiten haben. Wir dürfen uns entscheiden mit wem wir zusammenleben, ob wir Kinder bekommen oder nicht und auf welche Weise wir unser Leben gestalten. Es bestehen jedoch auch Erwartungshaltungen, die wir durch die Einflüsse unserer gegenwärtigen Leistungsgesellschaft zu sehr verinnerlicht haben. Wir leben in einer Kultur der Erschöpfung, die als Maßstab für gute Leistung eine ständige Überlastung gewählt hat und sogar einfordert. Wer nicht dauerhaft verplant ist, ob beruflich oder privat, ist nicht gefragt und droht dadurch in der Bedeutungslosigkeit zu verschwinden.

In ähnlicher Weise ergeht es Müttern von denen seit jeher verlangt wird sich aufopfernd um ihr Kind zu kümmern. Natürlich brauchen unsere Kinder uns und ganz besonders am Beginn ihres Lebens. Oft genug in einem Umfang, der alle uns zur Verfügung stehenden Kräfte abverlangt. Dennoch liegen die Gründe für ein inneres Ausbrennen nicht in den Forderungen unserer Kinder, sondern in den eigenen und fremden Ansprüchen an unsere Mutterrolle. Es ist unverzichtbar sich aus den Maßstäben der Erschöpfungsgesellschaft zu lösen und die Zufriedenheit mit dem Tagesverlauf als Mutter an deinen eigenen Werten festzumachen. Was ist dir für euren gemeinsamen Tag wichtig? Woran willst du dich gerne zurückerinnern? Ist es der Moment in dem ihr miteinander fröhlich wart, auf dem Spielplatz herumgetollt seid, gemeinsam auf der Couch ein Buch gelesen habt? Oder sind es die blitzblank geputzten Fenster, die perfekte Weihnachtsbeleuchtung und das krümelfreie Auto?

Es kann eine Mischung aus beidem sein oder etwas völlig anderes. Du darfst für dich entscheiden wie und was du lebst. Wichtig ist, dass es deine Werte sind nach denen du dich aus freien Stücken richtest. In der folgenden Meditation findest du einige Momente der Ruhe, um deinen LebensWerten nachzuspüren. Schreibe sie anschließend auf und erwecke sie in eurem Leben.

Übung: „LebensWerte"

Zeit: 7 Minuten

Das brauchst du: einen ruhigen Ort

Nimm eine bequeme Sitzhaltung auf einem Stuhl oder auf dem Boden ein. Richte deine Wirbelsäule von der Wurzel her auf, so dass du in dieser Position eine Weile stabil und ausgewogen sitzen kannst. Leg nun deine Hände mit den Handflächen nach unten auf die Oberschenkel. Lass noch einmal bewusst deine Schultern sinken und deinen Atem ganz natürlich kommen und gehen.

Folge deiner Einatmung bis tief in deinen Bauch ohne sie bewusst weiter auszudehnen. Begleite deinen Atemfluss während deiner Ausatmung bis hinaus aus deiner Nase. Bleib mit deiner ganzen Aufmerksamkeit beim Kommen und Gehen deines Atems. Lass nun die Konzentration auf die Atmung los und spüre den Raum in dir. Nimm den gesamten Bereich in dir wahr, der durch deine Körperhülle vom Außen getrennt wird.

Wenn zwischendurch Gedanken aufkommen, beachte sie kurz und lass sie dann vorüberziehen. Welche Empfindungen steigen in dir hoch? Gibt es Gefühle in deinem Leben, die dir gerade oder schon länger fehlen?

Lass alles zu was jetzt da sein will und betrachte es liebevoll. Bleib bei der Qualität des Erlebnisses ohne es zu benennen.

Lass nun die Übung los und spüre noch eine Weile nach.

Dann komm langsam zurück von deiner inneren Reise, öffne sanft deine Augen und schreib dir auf was du wahrgenommen hast, was deine Aufmerksamkeit gesucht hat und zu dir gehört.

Die hinduistische Göttin Kali ist eine wilde, ungezügelte, kraftvolle Persönlichkeit. Mit ihren weißleuchtenden Augen in einem tiefschwarzen Gesicht, herausgestreckter Zunge, acht umherfuchtelnden Armen und geschmückt mit einer Kette aus Totenköpfen steht sie für Zerstörung und Tod, gleichzeitig jedoch auch für Erneuerung. Sie kann erschrecken und inspirieren, je nachdem worauf man sich konzentriert und einlässt. Die KaliEnergie steht für Veränderung, für den Mut genau hinzuschauen, sich den Herausforderungen des Lebens zu stellen. Oft schrecken wir vor genau diesen außergewöhnlichen Situationen zurück, weil sie etwas Unbekanntes darstellen und wir uns nicht zutrauen uns in die Ungewissheit hinein zu entwickeln. Dabei sind genau das die Möglichkeiten zu innerem Wachstum, zur Entwicklung neuer Strategien, zur Befreiung aus alten Mustern.

Wenn dir deine neuen Aufgaben als Mutter gerade jetzt Angst machen, dann entdecke deine KaliEnergie, finde den Mut in dir und schau hin was hinter deinen Sorgen steckt, wofür sie in deinem Leben stehen. Es ist der erste Schritt sich dem Unheimlichen des Unbekannten zu stellen. Alleine durch ein bewusstes Hinschauen verliert das Fremde einen Teil des Schreckens, weil du es dir dadurch ein Stück weit vertraut machst.

Wenn dein Kind sich zum Beispiel nicht beruhigen lässt und du am liebsten weglaufen würdest, atme durch und spüre in dich hinein. Wovor willst du fliehen? Ist es der anklagende Lärm deines Babys? Sind es die unerfüllbaren Erwartungen in deinem Umfeld an dich als Mutter? Oder hat dein Unwohlsein mit der ungewohnten Kraft der Emotionen zu tun, der Natürlichkeit und engen Verbindung vor denen du dich lange Zeit geschützt hast? Lass alles da sein was in dir ist und schiebe nichts weg. Du musst es nicht aussprechen, dich nicht vor anderen Müttern outen, aber lass es da sein und nimm es an als einen Teil von dir in diesem Moment. Auch andere Mütter haben mit der Veränderung zu kämpfen, doch sie sprechen nicht darüber aus derselben Angst heraus für ihr Empfinden verurteilt zu werden.

Als ich letztens im Supermarkt eine junge Mutter sah deren Säugling lautstark Aufmerksamkeit einforderte erkannte ich in ihr einen Teil von mir wieder. Die Anspannung in ihrem Gesicht, die Unsicherheit was sie denn noch tun kann, um ihr Kind zu beruhigen und der gehetzte Blick zur Seite, wer ihr denn nun schon wieder einen vorwurfsvollen Ratschlag geben muss. Du bist nicht allein, hätte ich ihr gerne gesagt. Wir sind viele und alle miteinander verbunden. Weil jede Mutter für sich alleine kämpft fühlt sie sich verloren.

Lasst uns aufrichtig miteinander sein und uns gegenseitig stärken, statt uns aus Scham vor ständiger Beurteilung zu verschießen, Realitäten vorzugaukeln, die entweder unerreichbare Idealvorstellungen sind oder deren Umsetzung eine unmenschliche Kraftanstrengung benötigt. Zeigen wir einander unsere Wertschätzung und unseren aufrichtigen Respekt für die täglichen Heldinnentaten, die so selbstverständlich zum Muttersein gehören, indem wir einander wohlwollend Mut zusprechen statt gnadenloser Kritik zu üben. Einer übermüdeten Mutter noch mehr abzuverlangen als sie sowieso schon gibt ist unbarmherzig und zeugt von emotionaler Kälte. Sie entsteht durch die Entfremdung von den eigenen Bedürfnissen und Gefühlen. Beginnen wir wieder damit uns selbst Ruhe und Sanftheit zu erlauben und werden offen für die Verletzlichkeit im Anderen, dann können wir auch eine Verbindung zueinander herstellen.

Wenn uns etwas nicht auf Anhieb gelingt, ist sie schon da die Sorge etwas falsch zu machen. Besonders in unbekannten Situationen suchen wir dann Hilfe im außen, lesen jeden Ratgeber zu diesem Thema durch und erhoffen uns davon die Heil bringende Erkenntnis. Neue Herangehensweisen kennenzulernen kann dir Ideen für deinen eigenen Lösungsweg bringen. Es wird jedoch keine nachhaltige Entwicklung geben einem

Ratgeber eins zu eins nachzufolgen. Wenn du in einer emotional angespannten Situation nach einem Buch reagierst, werdet ihr keine Erleichterung darin finden. Es ist eine fremde Vorgabe, die nicht zu euch passt, nicht passen kann, weil sie nicht konkret auf eure Bedürfnisse zugeschnitten ist. Ein Ratgeber kann Impulse für den eigenen Umgang mit herausfordernden Momenten geben, die Umsetzung musst du für euch finden. Häufig braucht man einfach ein verständnisvolles Wort und das Wissen, dass eine ähnliche Situation früher oder später in vielen Familien auftritt.

Für eine vertrauensvolle Beziehung mit deinem Kind darfst du ganz du selbst sein, mit all deinen Emotionen, Kompetenzen und Schrullen. In genau diesem Umfang und dieser Bedingungslosigkeit wie du auch dein Baby annimmst. Erlaube dir mit deinem ganzen Echtsein in Verbindung mit dir und deinem Kind zu treten. Damit bist du glaubwürdig, bringst Sicherheit und Freiheit für euch beide. Lass die Ansprüche der Außenwelt immer wieder los sobald sie dir in den Kopf kommen oder dein Herz beschweren. Niemand ist in exakt derselben Lage oder fühlt ganz genauso wie du. Deshalb ist es völlig unwichtig wie andere Menschen deine Art zu leben beurteilen. Du darfst dein Leben und deine Beziehungen völlig frei gestalten, erleben, empfinden. Bleib geduldig mit dir und betrachte wiederkehrende Erwartungen wie die Gedanken während einer Meditation, lass sie los und kehre zu deiner inneren Herzensweisheit zurück.

Als Mutter von einem Neugeborenen bist du vollkommen mit seinem Wohlergehen beschäftigt. Eine zeitintensive und anstrengende Aufgabe. Besonders in den ersten Lebenswochen deines kleinen Glücksbündels bleibt für eigene Bedürfnisse kein Raum. Eine Weile ist es möglich an den körperlichen und mentalen Kapazitätsgrenzen leben. Wir Menschen sind von Natur aus darauf eingestellt unseren Nachwuchs intensiv zu umsorgen, kommt er doch im Vergleich zu anderen Säugern körperlich ziemlich hilflos auf die Welt. Mit der Zeit solltest du auch wieder deine Anliegen bewusst wahrnehmen und im Rahmen der gegebenen Möglichkeiten nachkommen. Von deinem Wohlergehen hängt ebenso das Wohlbefinden deines Babys ab. Eine gesunde, starke und sichere Mutter kann für ihr Kind eine tolle Mutter sein. Was brauchst du also für deine innere Stärkung und dein Wohlgefühl? Wie kann es gerade zu dir kommen? Schreib dir auf welche Gedanken und Gefühle bei diesen Fragen in dir auftauchen. Gibt es Bedürfnisse, die gerade sehr akut nach Befriedigung rufen oder sind auch welche dabei, die für dich in der Zukunft an Bedeutung gewinnen könnten? Sortiere sie nach Dringlichkeit und notiere dir daneben Ideen zu ihrer Erfüllung. Beginne dann mit der Sehnsucht, die sich in dir am dringendsten gezeigt hat und bring sie in kleinen Schritten zu ihrer Verwirklichung.

Gegenwärtig zu bleiben ist essentiell für ein zufriedenes Leben. Gleichzeitig ist es eine der größten Herausforderungen unserer Zeit. Dieses Einlassen auf die Jetztzeit bedeutet den Moment vollumfänglich anzunehmen mit allem was er beinhaltet. Es ist das Loslassen einer in die Zukunft gerichteten Hoffnung auf einen Moment der genau so nur in unserer Vorstellung existiert und sehr wahrscheinlich niemals eintreten wird. Gegenwärtigkeit scheint für NeuEltern eine für sie unmögliche Haltung darzustellen. Immer gibt es etwas im Kopf zu behalten, vorauszuplanen oder zu überlegen. Dabei ist es gerade für frischgebackene Mamas und Papas ein Grundstein zu ihrer inneren Ausgeglichenheit und ihrem persönlichen Wohlergehen.

„Es geht vorbei. Das ist nur eine Phase" Diese Sätze hören Eltern oft aus ihrem Umfeld, wenn sich die unruhigen Nächte mit einem Neugeborenen im Gesicht abmalen, das Kleinkind sich laut-protestierend in der Bäckerei auf den Boden wirft oder der Teenager einfach gegen alle und alles ist. Manchmal tröstlich, aber auch schade den Moment weg zu wünschen und darauf zu hoffen, dass später etwas vermeintlich besser wird. Auf eine Zukunft zu spekulieren, die höchstwahrscheinlich so viel anders wird als man sie sich vorstellt und dabei den kostbaren Augenblick zu verpassen, der genau jetzt stattfindet. Mit all seinen Anstrengungen, Möglichkeiten und all der Liebe die dort ist oder sein könnte. Erlebe ihn statt ihn zu ignorieren oder dir einen anderen herbeizusehnen, der dir vielleicht auch nicht recht sein wird. Führe dir vor Augen, dass jeder Moment seine eigenen Wunder beinhaltet.

Um sie zu erkennen müssen wir unseren gewohnten Blickwinkel ändern. Wir befinden uns in einer ständigen Erwartungshaltung an Menschen oder Situationen. Der Urlaub muss ganz besonders erlebnisreich werden, um schicke Fotos auf SocialMedia zu posten. Auf einem angesagten Event muss deine Frisur perfekt sitzen sonst ist der Abend verdorben. Dein Partner muss sich auf eine bestimmte Art und Weise verhalten, damit du dich wohlfühlst. In deinem bisherigen Leben mag das an manchen Stellen geklappt haben. Ein Baby in seiner natürlichen Verbundenheit mit sich selbst kennt kein Funktionieren. Ihm geht es um sein Erleben und Ausprobieren. Dabei braucht es unsere aufmerksame Begleitung von Moment zu Moment. In besonders herausfordernden Augenblicken kann es helfen sich vor Augen zu führen, dass nicht wir persönlich als Gegner gemeint sind, als Mängelexemplar, das seinem Kind nicht geben kann was es gerade braucht. Solche Gefühle entstehen aus alten Wunden, die aus unserer eigenen Kindheit stammen können. An dieser Stelle entsteht eine riesige Chance für unsere eigene Heilung. Unsere Kinder zeigen uns unsere tiefste Verletzlichkeit. Es ist jedoch unsere Aufgabe uns zu heilen, nicht die unserer Kinder.

Das Leben ist eine Aneinanderreihung von Momenten, keine Durststrecke auf dem Weg zu einer Zielerreichung. Gegenwärtigkeit bringt uns in den konkreten Moment zurück. Damit machen wir Erinnerungen möglich, für die unser Gehirn genau diese Bewusstheit braucht. Es können gedankliche Bilder entstehen, die wir in der Zukunft wieder in uns aufsteigen lassen werden. Wunderbare Erinnerungen zu generieren ist eine bewusste Entscheidung. In jeder Situation können wir entweder die Katastrophe oder das Bezaubernde entdecken. Wenn dein Baby erbärmlich weint, weil sein Bäuchlein mit der Milch zu kämpfen hat, ist das ohne Frage auch für dich schmerzlich und zerrt zudem an deinen ohnehin schon überreizten Nerven. Wenn es dir dann gelingt durchzuatmen und dich auf das Staunen über die Stimme deines Kindes einzulassen, nimmst du eine ganz andere Haltung ein. Nicht jedes Kind wird mit der Fähigkeit zu sprechen geboren. Manche Babys kommen stumm oder taub auf die Welt. Dankbarkeit für die Gesundheit deines Kindes lässt dich auch kräftezehrende Situationen sicher überstehen.

Mit der Ausrichtung auf den Moment wirst du auch die vielen letzten Male im Leben einer Mutter oder eines Vaters bewusster wahrnehmen. Eines Tages wird dein Kind nicht mehr im Halbschlaf nach dir rufen oder sich nicht mehr von dir tragen lassen wollen. All die letzten Male wirst du verpasst haben, konntest keinen Abschied nehmen, nicht ganz bewusst loslassen, wenn du den Augenblick nicht bewusst angenommen und damit intensiv gespürt hast. Wenn du dich auf das Genervtsein konzentriert hast oder darauf, dass es dir lästig war dein Kind zu tragen, weil du einfach so furchtbar, furchtbar müde und unendlich erschöpft warst, dass du es nicht spüren konntest. Versuche also unabhängig von den Umständen möglichst bewusst zu bleiben. Genieße jede Gute-Nacht-Geschichte, jede Umarmung, jedes Trösten und sogar jeden Kampf mit deinem Kind, denn es könnte das letzte Mal sein und du wirst es erst vermissen, wenn es für immer vorbei ist.

Übung: „Moment mal"

Zeit: 7 Minuten

Das brauchst du: einen ruhigen Ort

Nimm eine bequeme Sitzhaltung auf einem Stuhl ein. Richte deine Wirbelsäule von der Wurzel her auf, so dass du in dieser Position eine Weile stabil und ausgewogen sitzen kannst. Leg nun deine Hände mit den Handflächen nach unten auf die Oberschenkel. Lass noch einmal bewusst deine Schultern sinken.

Schließe die Augen und lass deinen Atem ganz natürlich kommen und gehen. Nimm achtsam die Kontaktpunkte deines Körpers wahr. Spüre deine Fußsohlen auf dem Boden und erkenne die Qualität darin. Fühlt sich der Kontakt sicher an oder zart? Stehen deine Füße gleichmäßig auf dem Boden oder gibt es einen Bereich den du besonders wahrnehmen kannst? Beurteile nicht, sondern nimm wahr was gerade ist.

Löse dann deine Konzentration auf die Fußsohlen und spüre in die Kontaktpunkte zwischen deinen Sitzhöckern und dem Stuhl. Geh beim Nachspüren ebenso vor wie bei den Fußsohlen. Wiederhole diese Übung in deinem Rhythmus mit den Handflächen auf den Oberschenkeln und dem Rücken an der Stuhllehne.

Lass anschließend die Übung los und spüre eine Weile nach.

Dann komm langsam zurück von deiner inneren Reise und öffne sanft deine Augen.

5.3 Von MütterMythen und SocialMediaMist

„Vergleichen ist das Ende des Glücks
und der Anfang von Unzufriedenheit."

(Søren Kierkegaard)

Während ich diese Zeilen schreibe sitze ich in einem gemütlichen Café und genieße bereits meinen zweiten Latte Macchiato. Am Nachbartisch unterhalten sich in netter Gesprächsstimmung zwei ältere Damen, es ist angenehm ruhig und ich bin in meinem Schreibprozess angekommen. Natürlich könnte ich jetzt ein Selfie von mir und meinem köstlichen Heißgetränk generieren auf dem alles ganz lässig wirkt: Eine berufstätige Mutter, die alles locker wuppt. Die Realität hinter diesem Idyll aus dem Leben einer Freiberuflerin ist jedoch eine völlig andere. Vor dieser entspannten Arbeitsatmosphäre liegt nämlich ein herausfordernder Morgen an dem ein weinendes KleinkindMädchen unbedingt von seiner Mama angezogen werden will und seinen Unmut einem fürsorglichen Papa entgegenschreit. Dazwischen stehe ich mit der Zahnbürste in der Hand und einem schweren Herzen, weil sie mich doch scheinbar so doll braucht und ich trotzdem auch mal meinem Beruf nachgehen möchte. Bald soll die erste Lesung zu meinem Buch stattfinden und vorher muss es fertig geschrieben werden. Nachdem ich mich gestern um unser krankes Kind gekümmert habe ist heute eben der Papa zu Hause.

Säße ich zum selben Zeitpunkt ohne Laptop im Café und würde nach dem kräftezehrenden ChaosMorgen einfach den Vormittag genießen, wäre ich eine CappuchinoMom. Also eine Frau, die sich hauptsächlich um ihre Familie kümmert und für eine Weile nicht berufstätig ist. Ganz schlimme Sache so was. Für manche Menschen ähnlich verdammungswürdig wie einen Welpen zu treten. Dabei mochte ich Heißgetränke bereits bevor ich Mutter wurde. Seit mein Mädchen auf der Welt ist hat mir so mancher Kakao die Seele gestreichelt, säumen ungezählte Cappuccinos und Lattes meinen Weg. Ein Heißgetränk fühlt sich wie warmes Massageöl auf den strapazierten MamaNerven an. Es beruhigt, entspannt und lässt uns für eine Weile zurücklehnen, genießen und einfach mal in Ruhe sein ohne da sein zu müssen.

Viel zu oft wird uns suggeriert, dass wir uns nur etwas Gutes tun dürfen, wenn wir anschließend wieder Übermenschliches leisten. Eine Auszeit zur Selbstoptimierung statt zur Erholung. Doch was, wenn ich mir ganz bewusst Ruheinseln im Alltag schaffe? Mich fast schon erdreiste eine Pause einzulegen lange bevor ich völlig erschöpft und ausgelaugt bin? Ein Innehalten im Alltag ist ein Akt der Selbstfürsorge in einer Gesellschaft, die sich immer weiter optimiert, funktioniert und bis zum individuellen Zusammenbruch perfektioniert. Ich möchte das nicht. Weder für mich noch für mein Kind.

Oft genug hockt der innere Kritiker trotzdem im Ohr und erzählt was du angeblich alles nicht kannst. Ohnehin lastet auf uns Müttern ein enormer Druck. Mit den ersten sichtbaren Zeichen einer Schwangerschaft beginnt die Sturzflut der ungebetenen Ratschläge. Hol dir nicht noch zusätzliche Beurteiler durch die SocialMediaKanäle ins Haus. All die fröhlich lachenden Mütter, frisch aufgebrezelt, in ihrer unbefleckten Kleidung mit herausgeputzten Kinderchen in einem sauberen und aufgeräumten Haus können ganz schön frustrieren. Dann schaust du an dir herunter auf deine mit Milch bekleckerten Klamöttchen, die du vor einer halben Stunde frisch angezogen hast, blickst dich in deinem chaotischen Zuhause um in dem du keine Ahnung hast wo der Staubsauger am dringendsten eingesetzt werden sollte. Beim Blick in den Spiegel starren dich müde Augen aus einem ungeschminkten Gesicht an, das von zerzausten Haaren umrahmt wird. Auf deinem Arm hältst du dein plärrendes Baby und fühlst dich unfassbar unfähig in deinem Mamasein.

In solchen Momenten dreht sich das Gedankenkarussell noch einen Tick schneller als sonst üblich und der mentale Müll ergießt sich tonnenweise über dir. Statt dir in den kommenden Stunden immer schlimmere Dinge über dich selbst zu erzählen und dich damit völlig runter zu ziehen, halte einen Augenblick inne. Atme durch und leg verdammt noch mal das Smartphone weg. Moderne Technik soll unseren Alltag erleichtern und uns dienen. Stattdessen machen wir uns abhängig von ihrem Gebimmel, schauen uns die vermeintlich perfekten Leben anderer Leute an und lassen uns dadurch verunsichern. Nutze dein Smartphone bewusst nach deinen Bedürfnissen. Besonders in der ersten Zeit mit Baby kann es für dich ein hilfreiches Kontaktmedium zu deinen Freunden und der Familie sein. Dabei bestimmst allerdings du die Zeiten in denen du ganz bewusst auf das Display schaust. Schalte alle unnötigen Klingeltöne ab. Wenn du jedes Mal ein Signal für eine neue Nachricht erhältst, wirst du immer wieder aus deinem aktuellen Tun gerissen und die Achtsamkeit mit deinem Baby wird immens gestört. Plane also ganz bewusst Online- und Offline-Zeiten für dich und entscheide auch worauf du reagieren willst. Nicht jede Nachricht muss sofort beantwortet werden und nicht alle Informationen in irgendwelchen

Gruppen sind für dich relevant oder entsprechen den Tatsachen. Manche Menschen entscheiden sich immer wieder zum Drama und zelebrieren es. Lass dich davon nicht anstecken oder aus deiner Klarheit bringen. Finde deinen eigenen Weg zur bewussten Nutzung der technischen Möglichkeiten.

Online wie offline wird unter einigen Müttern darum konkurriert wer die beste Mama ist. Zu den Kriterien für den Oscar im Muttersein zählen offenbar stundenlange Bastelarbeiten, unzählige Bildungskurse für die Kleinsten und ein unerbittlicher Vergleich der bisher erlangten Kompetenzen unseres Nachwuchses. Nicht zu vergessen spielen selbstverständlich auch das mütterliche Äußere sowie das häusliche Innere eine bedeutende Rolle bei der Preisvergabe. Erhalten hat diese ominöse Trophäe noch keine Mutter, dennoch wird das Konkurrieren darum unvermindert fortgesetzt. Bissige Kommentare haben ihre Ursache in der Person, die sie von sich gibt und sagen mehr über sie selbst aus als über dich. Es spiegelt ihre Unzufriedenheit, ihre Versagensängste und ihren inneren Druck wider.

Selbst wenn du dich aus gesunder Selbstfürsorge von solchen Menschen distanzierst wird es immer mal Begegnungen dieser Art geben. In solchen Situationen entscheidet deine innere Einstellung zu dir selbst über dein emotionales Wohlergehen. Stellst du dich ebenfalls in Frage? Woran liegt es? Was kannst du verändern, um dich souverän zu fühlen? Definiere deine Werte und lebe danach, dann verlieren die Meinungen und Kritiken anderer Menschen an Bedeutung. Erinnere dich immer wieder daran, dass wir die einzige Auszeichnung für eine gute Mutter durch unsere Kinder erhalten, immer wieder. Mutter sein kann PerfektionistInnen und Kontrollfreaks in den Wahnsinn treiben. Woher ich das weiß? Aus meiner eigenen, leidvollen Erfahrung. Warum das so ist? Weil es beim Elternsein nicht um Perfektion oder Kontrolle geht. Es geht um Vertrauen, nicht zuletzt in sich selbst. Nur so können wir und unsere Kinder wachsen und uns entwickeln. Diese Erkenntnis war für mich unglaublich befreiend. Ich hatte lange Zeit ebenfalls diese Vorstellung von einem super-sauberen Zuhause und immer-zufriedenen Kindern im Kopf. Die Realität hat mich ziemlich kalt erwischt und die Anpassung meiner Ansprüche an die Möglichkeiten meiner Lebensrealität hat manchmal ziemlich wehgetan. Das Wunderbare im Unperfekten zu erkennen, dazu braucht es ein deutliches Umdenken, eine neue Gelassenheit und Freundlichkeit mit dir selbst. Ziemlich ungewohnt für jemanden wie mich, der sich über die Jahre eine extreme Selbsthärte antrainiert hatte. Dazu dann noch die ganzen äußeren Kritiker und fertig ist das DauerSchlechteGewissen einer bemühten NeuMama.

Es dauerte jedoch nicht lange bis mir meine persönlichen Werte klarwurden und dann doch noch eine ganze Weile, diese in einer souveränen Selbsterlaubnis zu leben. Mir wurde bewusst, dass ich die Bedeutung meines Handelns aus mir selbst heraus wertschätzen sollte statt die Bestätigung im außen zu suchen. Weder mein Kind noch eine andere Person können mir die Sicherheit geben, die ich selbst in mir wahrnehmen kann. Mein Kind kann es nicht, weil es einen vertrauten Menschen braucht an dem es sich ausprobieren kann. An dieser Stelle ist also selten eine positive Rückmeldung zu erwarten. Die Anerkennung der Qualität oder Richtigkeit meines ganz persönlichen Lebensweges kann für andere Menschen niemals so bedeutungsvoll sein wie mein eigenes Wohlgefühl dabei. Es ist nämlich nicht ihr Weg und deshalb können sie ihn nicht vollumfänglich schätzen.

Eine Sanftheit uns selbst gegenüber kann uns auch die Freiheit erleichtern unsere Kinder liebevoll zu umsorgen. In unserer Gesellschaft ist das Wort „verwöhnen" eher negativ geprägt. Viele Mütter fühlen sich unsicher mit ihrem Kind in einer bedingungslosen Zartheit umzugehen, weil die lieben Kleinen dadurch zu großen Tyrannen werden könnten. Wenn Mütter wohlwollende Milde statt rigoroser Strenge walten lassen, werden sie von Außenstehenden als Glucken oder ÜberMütter beschimpft. Dabei verbirgt sich hinter dem Verwöhnen eines kleinen Menschen etwas ganz Wunderbares. Laut Duden stecken hinter diesem Begriff gleich zwei Definitionen: „a) jemanden durch zu große Fürsorge und Nachgiebigkeit in einer für ihn nachteiligen Weise daran gewöhnen, dass ihm jeder Wunsch erfüllt wird"; „b) durch besondere Aufmerksamkeit" und „Zuwendung dafür sorgen, dass sich jemand wohlfühlt". Es besteht also nicht nur die eine Möglichkeit, dass durch besondere Zuwendung die erste Variante eintritt. Die Sorge davor ist jedoch dermaßen ausgeprägt, dass die Variante b) kaum vorstellbar erscheint.

Wenn Mütter ihrer intuitiven Sanftheit mit ihrem Kind folgen, sich einlassen auf eine Gegenwärtigkeit in der alles stattfindet, machen sie sich und ihrem Kleinen ein wertvolles Geschenk. Sie zeigen Klarheit, nehmen Kontur an als Frau und finden in der Begegnung mit ihrem Baby zu ihrer eigenen Natürlichkeit zurück. Eine kraftvolle, mutige und bereichernde Transformation in einer Gesellschaft, die auch von den Kleinsten das Einfügen in einen reibungslosen Ablauf erwartet. Belastet von überkommenen Erziehungsmodellen sind allzu viele Menschen darauf programmiert ihre Bedürfnisse zu unterdrücken. Sie haben vergessen oder nie erfahren dürfen wie es ist sich wohlzufühlen. Statt im Vertrauen auf die Fülle unserer Kinder eine gesunde Beziehung entstehen zu lassen, fühlen wir den Druck sie einem Erziehungssystem zu unterwerfen, das auf der Annahme eines Mangels in jedem einzelnen Menschen basiert.

Ein liebevolles Umsorgen, das aus der intuitiven Sicherheit einer Mutter entspringt, wird einem Kind zu einer gesunden emotionale Entwicklung und einem tiefen Vertrauen in sich und die Welt verhelfen. Wenn Kinder körperlich und geistig gesund sind, ihre Bedürfnisse zuverlässig befriedigt werden, sie Zuwendung und Nähe erfahren, sind das großartige Voraussetzungen für ihr Wohlergehen. Lasst uns statt der Angst und dem Druck der Gesellschaft nachzugeben auf Vertrauen in und Nähe zu unseren Kindern setzten. Wollen wir das wagen? Wäre das nicht eine befreiende Herangehensweise an unser Zusammenleben? Lasst uns selbst das Funktionieren abgewöhnen statt es unseren Kindern beizubringen.

Übung: „Entdecke die Sanftheit in dir"

Zeit: 7 Minuten

Das brauchst du: einen ruhigen Ort

Nimm eine bequeme Sitzhaltung auf einem Stuhl ein. Richte deine Wirbelsäule von der Wurzel her auf, so dass du in dieser Position eine Weile stabil und ausgewogen sitzen kannst. Leg nun deine Hände mit den Handflächen nach unten auf die Oberschenkel. Lass noch einmal bewusst deine Schultern sinken.

Schließe deine Augen und folge mit deiner vollen Aufmerksamkeit deiner Ein- und Ausatmung. Gib dir etwas Zeit in der du aufkommende Gedanken betrachtest und anschließend vorüberziehen lässt. Wenn sich dein Geist beruhigt hat spüre in deinen Körper hinein, ob es Bereiche gibt in denen du Anspannung oder Unwohlsein wahrnimmst. Betrachte einen verspannten Körperteil mit liebevoller Aufmerksamkeit und Verständnis.

Dann bring mit jeder Einatmung Sanftheit und Milde in diesen Teil deines Körpers, mit der Ausatmung lässt du Anspannung und Striktheit los. Dein Atem fließt dabei unbeeinflusst weiter. Wiederhole die Übung an dieser Stelle so lange es dir gut tut. Spüre dann für eine

Weile nach wie sich der beatmete Körperbereich anfühlt, bleib dabei möglichst wertfrei.

Betrachte anschließend deinen gesamten Körper. Wenn es noch einen Bereich gibt in den du Sanftheit bringen und Anspannung loslassen möchtest, wiederhole die Übung dort.

Spüre abschließend noch eine Weile in deinen gesamten Körper.

Dann komm langsam zurück von deiner inneren Reise und öffne sanft deine Augen.

5.4 Mama +what?

„Suche das Licht nicht im Außen, finde das Licht in dir
und lass es aus deinem Herzen strahlen."

(Rumi)

Soziale Anerkennung ist eines der wichtigsten menschlichen Grundbedürfnisse. Sie besteht aus der Teilhabe an gesellschaftlichen Prozessen, der Anerkennung einer Tätigkeit durch ehrliches Lob und in der Rückmeldung konstruktiver Kritik. Menschen unternehmen unglaubliche Anstrengungen, um sozial anerkannt zu werden. Sie treiben ihre Körper zu athletischen Höchstleistungen an, um für die sichtbaren Trainingsergebnisse bewundert zu werden, arbeiten bis zum Umfallen für einen sozialen Status um den andere Menschen sie beneiden oder bemühen sich fremden Ansprüchen an ihr Lebensmodell gerecht zu werden. So dringend brauchen wir Menschen das Gefühl wahrgenommen zu werden und wertvoll zu sein.

Trotz aller Anstrengungen erfahren wir jedoch selten die Anerkennung, die wir uns wünschen. Nur wenige Menschen können sich von Herzen mitfreuen, wenn etwas gelungen ist. Oft überwiegen Neid und Missgunst, dass jemand etwas Besonderes geschafft hat.

Dann strengen wir uns noch mehr an, um endlich gesehen und sozial anerkannt zu werden. Erfahren wir daraufhin immer noch keine positive Rückmeldung, fehlt uns so zu sagen die Belohnung für unsere harte Arbeit. Es entsteht eine Diskrepanz zwischen Anstrengung und Anerkennung. Wir bekommen das Gefühl uns einzusetzen ohne einen Gegenwert oder Ausgleich zu erhalten. Daraus entwickelt sich emotionaler Stress, der über längere Zeit zu einem Burnout führen kann. Es ist also nicht die viele Arbeit durch die wir ausbrennen, sondern die fehlende Anerkennung für unsere Mühen.

Als Mutter ist man im dauerhaften 24-Stunden-Dienst unter vollem körperlichen und emotionalen Einsatz. Dafür wird man angeschrien, vollgekotzt und angepinkelt. Es gibt keine geregelte Arbeitszeit oder einzuhaltenden Ruhepausen, keinen Feierabend oder bezahlten Urlaub und keinen monatlichen finanziellen Ausgleich für die geleistete Arbeit. Zudem fehlen gesellschaftliche Anerkennung und die Teilhabe am gewohnten sozialen Leben. Deshalb wirft Muttersein uns manchmal zurück in eine empfundene Bedeutungslosigkeit. Keine Gewerkschaft setzt sich für die Beachtung unserer Leistungen ein. Im Gegenteil gibt es einen enormen Erwartungsdruck der auf Müttern lastet. Gleichgültig für welchen Weg eine Frau mit Kindern sich entscheidet, er wird gnadenlos kritisiert. Bleibt sie längere Zeit zu Hause, um einen Großteil der Familienarbeit zu übernehmen, ist sie eine CappuccinoMom, geht sie in Teilzeit arbeiten, vernachlässigt sie ihre Karriere und die damit verbundene finanzielle Unabhängigkeit. Eine Mutter, die trotz Kindern in Vollzeit arbeitet ist hingegen eine Rabenmutter, die ihre Kleinen fremdbetreuen lässt.

Diese Mischung aus unerfüllbaren gesellschaftlichen Erwartungen in Kombination mit oft schwierigen beruflichen Rahmenbedingungen führt zu Unsicherheit mit der eigenen Rolle im sozialen Gefüge. In der Hoffnung auf Anerkennung verfallen viele Frauen in den Versuch den äußeren Ansprüchen mit aller Kraft zu entsprechen. Eine unmöglich zu bewältigende Aufgabe deren Erfüllungsversuch nur zu sozialem Frust und persönlicher Erschöpfung führen kann. Dabei ist die meist von Frauen übernommene Familienarbeit von unschätzbarem gesellschaftlichem Wert. Wir begleiten die nächste Generation von Bürgerinnen und Bürgern in ihrer Entwicklung hin zu kompetenten Mitgliedern unserer Gesellschaft.

Der finanzielle Wert unserer geleisteten Familienarbeit lässt sich dabei sehr wohl beziffern. Laut einer Studie von ProntoPro aus dem Jahr 2019 läge das Mindestnettogehalt für Mütter bei 3.200 € monatlich. Als Berechnungsgrundlage dienten die Stundenlöhne professioneller Dienstleister aus den verschiedenen Branchen in denen Mütter täglich Familienarbeit leisten. Darunter waren Profiköche, Kinderanimateure, Personalshopper, Nachhilfelehrer, Fahrer und Lifecoaches. All diese Aufgaben übernehmen immer noch meist die Mütter für ihre Familien und zwar entgeltlos. Trotz all dieser neuen Kompetenzen, die Frauen sich durch ihre Mutterschaft autodidaktisch aneignen landen sie nach der Geburt ihres Kindes häufig auf dem beruflichen Abstellgleis. Die Vorurteile und Unterstellungen der Unternehmen reichen von zu geringer Flexibilität bis hin zu mangelndem Interesse am Job. In einer Umfrage der Zeit gaben 37 % der Frauen an nach der Bekanntgabe einer Schwangerschaft oder der Rückkehr aus ihrer Elternzeit an ihrem Arbeitsplatz diskriminiert zu werden. Als ich aus einer 14-monatigen Elternzeit für unsere erste Tochter ins Büro zurückkehrte zeigte meine Chefin mir den neuen Arbeitsplatz. Es war ein Beistelltisch neben den beiden Schreibtischen meiner Kollegen. Auf meinen ungläubigen Blick hin erklärte sie: „Tja, die mit den wenigsten Stunden bekommen halt die schlechtesten Arbeitsplätze."

Wie können Frauen ihren Weg aus diesem Netz von Ansprüchen, Vorurteilen und Degradierungen finden? Die Essenz dazu liegt im Ansatz des SelfEmpowerment.

Übersetzt bedeutet der Begriff so viel wie „Selbstermächtigung". Dahinter steckt die eigenverantwortliche Gestaltung des persönlichen Lebensweges mit all seinen Herausforderungen. Die Grundannahme hinter diesem Konzept beinhaltet, dass jeder Mensch eine Fülle von Kompetenzen in sich trägt mit denen er sicher in allen Unwägbarkeiten des Lebens zurechtfinden kann. Es ist eine Abwendung von dem Mangelgedanken, der sich in unserer Gesellschaft eingenistet hat, hin zu einem tiefen Vertrauen in die eigenen Fähigkeiten und Gestaltungsmöglichkeiten. Natürlich leben Menschen unter verschiedenen Rahmenbedingungen die Prozesse der Veränderung und Neuorientierung unterschiedlich leicht oder schwer erscheinen lassen. Der Entschluss zum Aufbruch in ein selbstbestimmtes Leben ist in jedem Fall der erste und schwierigste Schritt bei dem die größten Hürden häufig im eigenen Kopf zu finden sind.

Bevor Veränderung entstehen kann muss man sich der Problematik überhaupt bewusst werden. Für uns Mütter bedeutet das, statt uns in den Tretmühlen der äußeren Erwartungen abzuarbeiten beginnen wir mit der Definition unserer eigenen Werte mit denen wir unsere Mutterrolle ausfüllen. Welches Miteinander wollen wir mit unseren Kindern gestalten? Welches Maß an Sauberkeit und Ordnung ist uns zu Hause wichtig? Welche Form und welchen Umfang von Berufstätigkeit wähle ich für mich? Es geht also um die freie und bewusste Entscheidung für den eigenen Lebensweg. Dazu müssen wir die Vergangenheit loslassen und uns eine neue Identität in der Jetztzeit schaffen in der wir als Menschen stattfinden. Es bedeutet ein Heraustreten aus alten Rollenmustern, die wir uns vor unserem Leben als Mutter angeeignet oder aus unseren Herkunftsfamilien übernommen haben. Eine großartige Chance, die wir ohne unsere Kinder vielleicht nie für uns entdeckt hätten. Dazu müssen wir eine neue Geisteshaltung einnehmen in der unser persönlicher Wert nicht mehr hauptsächlich über Leistung oder beruflichen Status definiert wird. Unsere Fähigkeiten setzen wir stattdessen für die Umsetzung der eigenen Werte in unserem täglichen Leben ein. SelfEmpowerment bedeutet, die Verantwortung für die freie Lebensgestaltung zu übernehmen, da man grundsätzlich alle Kompetenzen in sich trägt. Manche müssen vielleicht noch entdeckt und gestärkt werden, andere haben wir bereits entwickelt und dürfen sie nun für uns nutzen. Wenn wir uns auf den Weg gemacht haben, uns Raum zur Entwicklung und für Fehler oder Rückschritte lassen, werden wir Schritt für Schritt auf unseren eigenen Weg finden.

Verantwortung anerkennen bedeutet dabei auch zu unterscheiden welche Verpflichtungen zu mir gehören und welche nicht. Die Verantwortlichkeit bei demjenigen zu belassen zu dem sie tatsächlich gehört ist eine weitere Form der Selbstfürsorge. Viele Frauen neigen dazu in ihrer Mutterrolle auch dem Partner seine täglichen Familienaufgaben und -pflichten abzunehmen. Das mag nett gemeint sein. Allerdings wird ihm damit eine gleichberechtigte Teilhabe am Familienalltag verwehrt und die Frauen binden zudem viel von ihrer Energie, die sie für die Gestaltung ihres Lebensweges brauchen.

Durch das Loslassen äußerer Ansprüche und negativer Glaubenssätze kommst du in dein Leuchten. Du begibst dich auf deinen ganz eigenen Weg indem du entscheidest was für dich und deine Familie richtig ist, wie ihr leben und woran ihr euch erinnern wollt. Wenn du zwischendurch in einen Moment der Unsicherheit gerätst, weil andere Menschen deine Freiheit kritisieren, denke an diesen wundervollen Satz: „Never dim your inner light just to make others feel comfortable." Damit würdest du dich reduzieren und niemandem helfen, denn jeder darf und muss sich selbst zu seinem persönlichen Lebensweg aufmachen.

Übung: „Dein inneres Leuchten"

Zeit: 7 Minuten

Das brauchst du: einen ruhigen Ort

Nimm eine bequeme Sitzhaltung auf einem Stuhl ein. Richte deine Wirbelsäule von der Wurzel her auf, so dass du in dieser Position eine Weile stabil und ausgewogen sitzen kannst. Leg nun deine Hände mit den Handflächen nach unten auf die Oberschenkel. Lass noch einmal bewusst deine Schultern sinken.

Schließe deine Augen und folge mit ganzer Aufmerksamkeit deinem Atem. Lass Gedanken vorüberziehen und bleib ganz beim natürlichen Fluss deines Atems. Dann stelle dir ein warm-leuchtendes Licht in der Mitte deines Brustraumes vor. Ein wohltuender Schein zwischen deinem Brustbein und der Wirbelsäule, das du mit friedlicher Achtsamkeit betrachtest.

Stell dir nun vor wie es mit jeder Einatmung aufleuchtet, stärker wird und sich in deinem Körper ausbreitet. Mit jeder Ausatmung lässt du innere Blockaden los, die dein Licht hindern wollen. Lass deinen Atem dabei weder tiefer noch länger werde. Ganz leicht und natürlich führt er deinem inneren Leuchten mit jeder Einatmung neues Prana, die Lebensenergie, zu und trägt in der Ausatmung alle Hindernisse fort.

Dieses wohltuende Licht in dir breitet sich irgendwann in deinem ganzen Körper aus und strahlt sogar etwas darüber hinaus. Genieße dein Strahlen und werde dir deiner unendlichen Kraft bewusst. Bleib so lange in der Übung wie es dir gut tut.

Lass sie anschließend los und spüre noch eine Weile nach.

Dann komm langsam zurück von deiner inneren Reise und öffne sanft deine Augen.

Mir fiel die Verbindung zwischen Familie und Beruf so elend schwer, weil ich völlig verstrickt war in das Netz aus fremden Ansprüchen und eigener Perfektion. Ich wollte für meine Tochter da sein und mich trotzdem beruflich weiterentwickeln. Durch ihre Lust auf Leben, ihre Begeisterung für den Moment und ihre einzigartige Fülle aus Zartheit und Stärke hat meine Tochter mich zur Entdeckung meiner eigenen Natürlichkeit inspiriert. Der Kontrast zwischen meinen Werten und dem was ich lebte um es möglichst allen recht zu machen wurde mir immer bewusster. Mein Leben weiterhin an eine Taktung zu binden, die nicht meinem Rhythmus entsprach, wurde unerträglich, so dass ich schließlich den Mut aufbrachte mich beruflich neu auszurichten und mir zutraute meinen eigenen Weg zu gehen.

Mir ist es wichtig zeitlich flexibel arbeiten zu können, um mein Kind ohne Zeitdruck in die Kita zu bringen. Je nach Tagesform kuscheln wir morgens ausgiebig oder sind schon flotti auf dem Weg. Überlege dir was du in deinem Tagesablauf verankern möchtest. Welche Rituale dir wichtig sind. Was dir finanzielle Unabhängigkeit bedeutet und wie du sie für dich erreichen kannst. Ist dir dein Beruf wichtig? Dann gib das nicht völlig auf. Gestalte die Vereinbarkeit von Familienleben und beruflicher Erfüllung mit deinem Partner zusammen. Besprecht in Ruhe wer, wann, wie viel arbeitet. Je nach Familienmodell ist finanzielle Eigenständigkeit in den ersten Lebensjahren eures Kindes vielleicht schwierig oder ihr möchtet ganz bewusst diese besondere Zeit genießen. Wenn dir dein Job Spaß macht, gibt nicht das auf was du dir beruflich aufgebaut hast. Wenn das was du machst nicht dein Traumjob war, aber okay, um Geld zu verdienen, mach ihn in dem Umfang, der zu deiner momentanen Situation, zu eurer Lebensrealität passt. Das bringt euch Geld und du musst dich nicht noch zu allem anderen Neuen in etwas hineinfinden. Wenn du sowieso etwas anderes machen wolltest, informiere dich, bereite deinen Umstieg vor. Du findest dafür Zeit und wenn es nur die Viertelstunden ist, die du sonst am Handy verdaddeln würdest ohne darin wirklich Erholung oder einen persönlichen Mehrwert für dich zu finden. Eigenes Geld zu verdienen trägt auch zu deinem Selbstbewusstsein bei.

Sprecht anschließend mit euren jeweiligen Arbeitgebern. Auch dein Mann darf durch seine Vaterrolle für seinen Chef unbequemer werden. Damit stellen nicht nur Frauen ein vermeintliches Risiko für ein Unternehmen dar und es wird ein wichtiger Schritt zur Gleichberechtigung getan. Eure Partnerschaft wird davon profitieren, du als Mensch und in deinem Muttersein wirst in einer ungeahnten Fülle sein, wenn du Kontur behältst.

Wenn du dich dafür entscheidest deine berufliche Arbeit für eine längere Zeit zu reduzieren und damit ein geringeres Einkommen als vor der Geburt hast, sprich mit deinem Partner unbedingt über deine Rentenvorsorge. Finanzen sind für viele Menschen ein heikles Thema über das ungern geredet wird. Dennoch solltest du den Mut aufbringen und auch an dieser Stelle gut für dich sorgen. Du leistest unentgeltliche Arbeit für eure Familie und ermöglichst deinem Mann damit seinen Beruf ähnlich uneingeschränkt wie vor der Geburt eures Kindes auszuüben. Es ist eine Anerkennung deiner Leistung, die leider keine staatliche oder gesellschaftliche Selbstverständlichkeit ist, jedoch zumindest von deinem Partner geschätzt werden sollte. Im Fall einer Trennung hast du keine finanziellen Nachteile in deinen Rentenansprüchen. Wenn ihr ein Leben lang zusammenbleibt, könnt ihr gemeinsam den zusätzlichen Geldregen genießen. Es gibt übrigens auch schon für kleines Geld gute Anlagemöglichkeiten, die dir eine gleichberechtigte Versorgung in der Zukunft sichern.

Trotz aller Widerstände und Beschwerlichkeiten ist ein Kind beim Aufwachsen begleiten zu dürfen die wunderbarste und erfüllendste Aufgabe der Welt. Lass dir Zeit zum Hineinwachsen in all die kleinen und großen Unbekanntheiten und halte immer wieder inne, um die Magie in jedem Moment zu erkennen.

In Dankbarkeit für das zauberhafte Bündel Glück darfst du genießen, bewundern und staunen. Es ist alles in uns was wir brauchen und noch viel mehr. Unsere Fülle leitet uns sicher durch jedes Tal von Mutterwerden und Muttersein. Hefte deinen Blick nicht auf einen möglichen Mangel, sondern richte ihn auf den Reichtum in deinem Leben. Vielleicht findest du in der folgenden Dankbarkeitsschrift etwas aus deinem Leben wieder.

„Ich bin dankbar für meine Gesundheit und dafür, dass mein Baby wohlauf ist, wir es warm oder kühl haben können, je nachdem was wir gerade brauchen, dass mein Kind vor Krankheiten geschützt ist, die in anderen Ländern immer noch für unzählige kleine Menschen den Tod bedeuten, dass wir sauberes und leicht zugängliches Wasser haben wann immer wir es brauchen und nicht erst kilometerweit zum Brunnen laufen müssen. Ich bin aus tiefstem Herzen dankbar für den Frieden in dem wir leben, die saubere Luft, dass mein Kind sich entfalten und lernen darf, dass es seine Meinung äußern darf ohne Gefahr dafür hingerichtet zu werden. Ich bin dankbar für eine Partnerschaft in der wir uns als Frau und Mann begegnen mit allem was wir mitbringen und uns gegenseitig die Freiheit geben, ja es uns für den jeweils anderen sogar wünschen, sich zu entfalten, zu wachsen, sich selbst immer tiefer zu entdecken und kennenzulernen.

Ich bin dankbar für unsere pelzigen Familienmitglieder, für ihr Dasein, ihre direkte und unglaublich berührende Liebe, ihre wunderbaren Eigenarten und unverwechselbaren Charaktere, für ihr Überleben in einem lebenswidrigen Umfeld und unser Zusammenfinden. Danke für all das Glück und Besondere in meinem Leben."

6. Nachwort

„Nur auf deinem eigenen Weg
kannst du sicheren Schrittes gehen."
(Ruth Happe)

Hör auf deinen Bauch und dein Herz, hör deinem Kind zu und spüre was es braucht, was du gerade geben kannst und wo deine Grenzen sind. Es findet sich. Mit der Zeit wird sich alles finden. Darauf kannst du ganz fest vertrauen. Lies darüber wo dein Kind vom Alter und seiner Entwicklung her gerade stecken könnte, wenn dir genau das im Moment gut tut. Hör erfahrenen Eltern zu, wenn du magst, aber bei allem was du machst finde und gehe deinen Weg. Es mag verwirrend sein was du von überall her mitbekommst, was gefragt oder ungewollt an dich herangetragen und dir zugemutet wird. Jeder Mensch hat eine und mehr Meinungen. Häufig unterscheiden sie sich deutlich von allen anderen. Es gibt einfach nicht die eine Lösung, weil es nicht das eine Kind gibt. Bedürfnisse und Lebensrealitäten sind so vielfältig wie es Menschen auf dieser Welt gibt. Informationen, Eindrücke und Erfahrungen zu lesen oder hören kann dir eine neue Perspektive auf die Dinge eröffnen, eine scheinbar verfahrene Situation plötzlich ganz leicht machen, dich nicht mehr fühlen lassen wie die schlechteste Mutter oder der unfähigste Vater der Welt. Dazu brauchst du Offenheit für deine eigenen Gefühle und dein persönliches Erleben. Häufig werden Informationen, die jemand aus einem Buch hat, eins zu eins weitergegeben, weil das angeblich die einzig richtige Art ist mit dieser Situation umzugehen. Dabei handelt es sich meist nur um einen momentanen Trend, der im nächsten Jahr schon wieder vom Gegenteil abgelöst und dann ebenso verteufelt wird wie so viele Methoden vor ihm. Die einzige Konstante in all den Herausforderungen und dem bunten Wirrwarr im Familienleben ist deine Intuition. Je öfter du auf sie hörst, und sei deine innere Stimme manchmal noch so zaghaft und leise, umso stärker und sicherer wird sie dir ein Begleiter in jeder Situation werden.

Erfahrungen werden tradiert, also von einer Generation zur nächsten weitergegeben, weil „man das halt so macht". Dabei verlassen Menschen sich leider viel zu Häufig auf die Meinung von Experten, weil die es ja wissen müssen, weil die einem Halt geben können, weil die Erfahrung auf dem Gebiet, es eventuell sogar studiert haben. Es ist jedoch etwas vollkommen anderes einen Themenbereich und dessen Theorie studiert zu haben oder die tage- und besonders nächtelangen Erfahrungen mit dem eigenen Kind zu machen. Wer also könnte eine bessere, erfahrenere Expertin, ein besser ausgebildeter, weil self-made, Experte für dein Kind sein als du selbst?

Die einzig wichtige Frage, die du dir stellen solltest lautet: Wie willst du es machen? Daran orientiert sich alles, wo und wie du dein Kind zur Welt bringen möchtest, ob du stillen willst oder nicht, welche Farbe der Kinderwagen haben soll, ob du dein Kind immer zu einer bestimmten Uhrzeit weckst, um einen Rhythmus zu gestalten oder ob du es schlafen lässt bis es von alleine aufwacht. Lass dich inspirieren, aber nicht beirren. Nimm es den Menschen nicht übel, die dir ihre Meinung mitteilen oder sogar aufdrängen wollen. Es ist ihre Unsicherheit und der verzweifelte Versuch alles richtig machen zu wollen, Orientierung zu finden in einem Gebiet für das es keine Vorbereitung und keine Sicherheit gibt. Lass die Leute reden, aber lass dir nicht alles sagen.

Also bleibt achtsam mit euch und eurem kleinen, großen Wunder. Wie sagt man so schön: „Sorgen sind wie Nudeln, man macht sich immer zu viele."

7. Danksagung

„Kinder kennen weder Vergangenheit noch Zukunft,
und – was uns Erwachsenen kaum passieren kann –
sie genießen die Gegenwart."
(Jean de la Bruyère)

„It´s Yoga, Baby!" ist zu mir gekommen. Es hat mich gefunden und nicht mehr losgelassen bis es geboren werden durfte.

Danke an all die wunderbaren Menschen, die an mich und meine Vision von einem Begleitbuch durch die Schwangerschaft und das erste Lebensjahr geglaubt, mich ermutigt und bestärkt haben.

Marco, du bester Kindchenpapa und herausfordernder Wegbegleiter. Danke für deinen unerschütterlichen Glauben an meine Projekte und den Freiraum zu deren Umsetzung.

Meine allerliebste Claudi, du unglaublicher Seelenmensch und meine Herzensschwester. Danke für deine hilfreiche Klarheit, bedingungslose Ehrlichkeit und tiefe Verbundenheit.

Besonders danke ich Daniela, deren völliges Vertrauen und ansteckende Lust auf ein tolles Projekt mich motiviert und Türen weit geöffnet haben.

Mein größter Dank geht an Ingrid. Du zauberhaftes Seelenkind. Ich danke dir für deine Wildheit, Ruhe, Zartheit, Fülle, Freude, Neugier und unerschütterliche Liebe zu dir selbst und dem, was wirklich, wirklich zählt, dem Moment.

Anhang

https://innofact-marktforschung.de/news/prontopro-studie-muttertag-das-mindest-gehalt-fuer-muetter-waere-3-200-euro/

https://www.zeit.de/2019/34/diskriminierung-arbeitsplatz-frauen-job-sexismus-gleichberechtigung

https://www.aerzteblatt.de/nachrichten/79361/Frauen-und-Kinderaerzte-warnen-vor-Hebammenmangel

http://www.gerechte-geburt.de/wissen/gewalt-in-der-geburtshilfe/

https://www.n-tv.de/leben/Liebe_und_Familie/Wenn-die-Geburt-zum-Albtraum-wird-article21226203.html

https://www.who.int/news-room/fact-sheets/detail/depression

https://www.aerzteblatt.de/nachrichten/73297/WHO-Millionen-leiden-an-Depressionen

https://www.deutschlandfunk.de/elternzeit-maenner-sind-noch-immer-eher-die-ausnahme.3669.de.html?dram:article_id=449928

https://www.duden.de/rechtschreibung/verwoehnen